## UMA LEI PARA A HISTÓRIA

No braço pousado na tribuna, Simone Veil levava gravado o número 78651, marca do ano em que viveu, ainda adolescente, num campo de concentração. Em novembro de 1974, então ministra da Saúde, Simone Veil discursou na Assembleia Nacional francesa colocando em votação a legalização do aborto, que naquela época obrigava cerca de 300 mil mulheres a procurarem saídas clandestinas, humilhantes e perigosas para interromper a gravidez indesejada. Simone encarou a luta com coragem, enfrentando uma oposição virulenta, e garantiu esse importante direito às mulheres na França.

Morreu em junho de 2017, em Paris, às vésperas de completar 90 anos. Em 2018, seu corpo foi levado para o Panteão, onde jazem os heróis nacionais do país.

Este livro contou com o apoio à publicação do Institut Français.

# SIMONE VEIL
# **UMA LEI PARA A HISTÓRIA**
*a legalização do aborto na França*

Discurso de 26 de novembro de 1974
Seguido de entrevista a Annick Cojean

*Tradução*  Julia Vidile
*Textos*  Silvia Camurça e Debora Diniz

TÍTULO ORIGINAL *Les hommes aussi s'en souviennent: Une loi pour l'histoire*
© Éditions Stock, 2017
© Bazar do Tempo (edição brasileira), 2018

Todos os direitos reservados e protegidos pela
Lei n. 9610 de 12.2.1998. É proibida a reprodução total
ou parcial sem a expressa anuência da editora.

Este livro foi revisado segundo o Acordo Ortográfico da
Língua Portuguesa de 1990, em vigor no Brasil desde 2009.

EDITORA Ana Cecilia Impellizieri Martins
COORDENAÇÃO EDITORIAL Maria de Andrade e Michelle Strzoda
PREPARAÇÃO DE ORIGINAIS Silvia Massimini Félix
REVISÃO Elisabeth Lissovsky
PROJETO GRÁFICO Thiago Lacaz
FOTO DA CAPA Simone Veil discursa na Assembleia Nacional da
França, 1974. Gilbert Uzan/Gamma-Rapho/Getty Images
AGRADECIMENTOS Schuma Schumacher e Denise Diniz

Bazar do Tempo
Produções e Empreendimentos Culturais Ltda.
rua José Roberto Macedo Soares, 12, sala 301
22470-100 Rio de Janeiro RJ
bazardotempo.com.br (21) 2146 4066
contato@bazardotempo.com.br

**APRESENTAÇÃO**
Uma mulher em combate  9
*Annick Cojean*

Discurso de Simone Veil em 26 de novembro de 1974  13
Entrevista a Annick Cojean  35
Histórico do aborto na França  77

**POSFÁCIO**
Simone Veil, o argumento definitivo  83
*Silvia Camurça*

Sem temer o futuro  95
*Debora Diniz*

## APRESENTAÇÃO
## UMA MULHER EM COMBATE
*Annick Cojean*

Era necessária uma personalidade excepcional para criar, defender e fazer aprovar uma lei que autorizava o aborto em 1974. Era necessária uma mulher. De tenacidade e convicção. De coragem e abnegação. Uma mulher que se preocupava com a moral e a ética. Uma mulher de dever, insubmissa à demagogia e às promessas vãs. Uma mulher formidavelmente combativa diante de um Parlamento em sua maioria hostil, composto de apenas 2% de mulheres eleitas. Uma mulher carismática e séria.

Era necessária Simone Veil.

Devemos ao presidente Valéry Giscard d'Estaing a ideia luminosa de lhe confiar essa missão. Simone a aceitou como uma honra e um dever. Ela conhecia a esperança que esse projeto de lei representava para milhões de mulheres. Conhecia o sofrimento, conhecia a dor. O drama pessoal ligado a cada aborto, os estragos das operações clandestinas, trezentas mortes por ano, sem contar as milhares de mutilações. Conhecia a injustiça existente entre as ricas – que tinham acesso aos cuidados de uma clínica privada na França ou no exterior – e as pobres, perdidas e mal informadas, dispostas a qualquer solução arriscada. Conhecia o escândalo sanitário, o desafio permanente à ordem pública. E ansiava por agir.

Assim, ela preparou a lei. E num discurso esplêndido, cheio de nuances e sinceridade, chamou os deputados à razão. Qual não foi a tempestade que se seguiu! Qual não foi o estrépito de ódios e paixões. É difícil imaginar, hoje, a violência e a vulgaridade dos debates na Assembleia Nacional nesse mês de novembro de 1974. Ou as cartas, as ameaças, os insultos, as ofensas. Simone Veil não fraquejou nem cedeu em nenhum momento. "Eu sabia aonde ia", disse ela com sobriedade. Inflexível e estoica, altiva e mesmo "sem peso na consciência". O desafio era imenso, maior do que todos eles. Ela via além. Os sofismas e as injúrias de homenzinhos de pouca envergadura não podiam atingi-la. Sua história pessoal lhe dava força e estatura. Ela já passara por tanta coisa.

Não, ela não chorou, ao contrário do que afirma a legenda de uma foto que a mostra, nos bancos da Assembleia, com a nuca inclinada, esfregando os olhos durante uma sessão noturna. Exausta, é claro, pois o debate já durava horas. Mas não abalada. Valente até o último momento. Ardorosa até a adoção definitiva da lei. E atenta, bem mais tarde, às evoluções que a legislação conheceria durante os anos seguintes. Houve progressos no sentido de uma maior liberdade. O espírito inicial da lei permanecia. Era sua responsabilidade.

A Lei Veil constitui uma etapa essencial na história da

emancipação feminina. Um terço das francesas recorre ao menos uma vez na vida à interrupção voluntária da gravidez, segundo o Instituto Nacional de Estudos Demográficos. Obviamente, isso nem sempre é simples. Os serviços de IVG [Interruption Volontaire de Grossesse/ Interrupção Voluntária da Gravidez] muitas vezes são o "primo pobre" do hospital, frágeis e ameaçados quando há reestruturações. E certos médicos, ainda contrários à IVG, atrasam a intervenção médica para fazer com que suas pacientes ultrapassem os prazos legais. Mas esse direito fundamental das mulheres existe e é real.

Para sempre? Gostaríamos de acreditar nisso. E gostaríamos que a lei estivesse gravada em mármore. Mas como ter certeza, quando a cada época de eleições importantes ressurgem militantes antiaborto exaltados, próximos dos meios conservadores e religiosos, estranhamente resguardados por certos políticos eleitos? Como ter certeza, conhecendo a violência dos debates que subsistem nos Estados Unidos, a resistência das guerrilhas "pró-vida", suas ameaças e intimidações, sua capacidade de ferir, e o ouvido atento e indulgente que lhes dedica o presidente Donald Trump? Pois ele não suprimiu a ajuda americana a toda organização internacional que apoiasse o aborto, um golpe fatal contra dezenas de programas de saúde reprodutiva e planejamento familiar no mundo? Basta ver como certos países começam a tremer nas bases, como a Polônia, que recentemente tentou endurecer sua lei, ao passo que outras nações persistem na obstrução ou apenas autorizam a IVG em condições extremamente restritivas. Apenas 39,5% das mulheres no mundo têm, hoje, acesso livre ao aborto.

É preciso ser vigilante. Ela sabia disso, essa mulher com olhos de opala e temperamento ígneo. Essa mulher justa, tão solidária com as outras mulheres, sempre pronta à rebelião.

Seu discurso de 26 de novembro de 1974 – cuja releitura é impactante – soa como uma convocação para dar prosseguimento a seus combates e jamais ceder.

Sua coragem nos interpela, tanto mulheres como homens.

Sua lembrança nos obriga.


ANNICK COJEAN é jornalista francesa, integrante da equipe do jornal *Le Monde*. Teve seu trabalho reconhecido por importantes prêmios da imprensa internacional, como o Albert Londres. É autora de reportagens e livros sobre o Holocausto e questões relacionadas à mulher.

# DISCURSO DE SIMONE VEIL EM 26 DE NOVEMBRO DE 1974

Senhor presidente, senhoras e senhores, se venho discursar hoje nesta tribuna, como ministra da Saúde, mulher e não parlamentar, para propor aos eleitos da nação uma profunda modificação da legislação sobre o aborto, faço-o com um profundo sentimento de humildade diante da complexidade do problema, bem como diante da magnitude das ressonâncias que ele suscita no mais íntimo de cada um dos franceses e francesas, e plenamente consciente do peso das responsabilidades que assumiremos juntos.

Mas é também com a maior das convicções que defenderei um projeto por muito tempo refletido e deliberado pela totalidade do governo, um projeto que, segundo os próprios termos do presidente da República, tem como objetivo "pôr fim a uma situação de desordem e injustiça e trazer uma solução proporcional e humana a um dos problemas mais difíceis de nosso tempo".

Se o governo pode, hoje, apresentar-lhes esse projeto, é graças a todos aqueles dentre os senhores – que são muitos, e pertencentes a todos os horizontes – que, há muitos anos, se esforçaram para propor uma nova legislação, mais bem adaptada ao consenso social e à situação de fato que vive nosso país.

É também porque o governo do sr. Messmer assumira a responsabilidade de lhes apresentar um projeto inovador e corajoso. Todos guardamos na memória a notável e comovente apresentação do sr. Jean Taittinger sobre o assunto.

É, enfim, porque, dentro de uma comissão especial presidida pelo sr. Berger, muitos foram os deputados que ouviram, durante longas horas, os representantes de todas as famílias ideológicas, assim como as principais personalidades competentes nessa matéria.

Entretanto, certas pessoas ainda se interrogam: uma nova lei é realmente necessária? Para alguns, as coisas são simples: existe uma lei repressiva, basta aplicá-la. Outros se perguntam por que o Parlamento teria a obrigação de tomar decisões sobre esses problemas: ninguém ignora que desde sua origem e, em particular, desde o início do século, a lei sempre foi rigorosa, mas muito pouco aplicada.[1]

Em que, então, essas coisas teriam mudado, exigindo uma intervenção? Por que não manter o princípio e continuar a aplicá-lo apenas em casos excepcionais? Por que consagrar uma prática ilícita e, assim, nos arriscar a encorajá-la? Por que legiferar e proteger o laxismo de nossa

---

1. N. da E.: Em julho de 1920 é adotada uma lei que "reprime a provocação ao aborto e a propaganda anticoncepcional", bem como as vendas de "remédios secretos preventivos à gravidez". Ver Histórico do aborto na França (p. 80).

sociedade, favorecer os egoísmos individuais em vez de fazer reviver uma moral de civismo e rigor? Por que nos arriscar a agravar um movimento de diminuição da natalidade perigosamente encetado em vez de promover uma política familiar generosa e construtiva que permita que todas as mães tragam ao mundo e criem os filhos que conceberam?

Porque tudo nos mostra que a questão não se coloca nesses termos. Os senhores pensam que este governo e o precedente se decidiriam a elaborar um texto e apresentá-lo se acreditassem que outra solução ainda seria possível?

Chegamos a um ponto em que, nesse âmbito, os poderes públicos não podem mais fugir às suas responsabilidades. Tudo o demonstra: os estudos e trabalhos realizados há vários anos, as auditorias de sua comissão, a experiência dos outros países europeus. E a maior parte dentre os senhores já sente isso, pois sabem que é impossível impedir os abortos clandestinos, bem como aplicar a lei penal a todas as mulheres que seriam passíveis de sofrer seus rigores.

Por que, então, não continuar a fechar os olhos? Porque a situação atual é ruim. Eu diria mesmo que é deplorável e dramática.

Ela é ruim porque a lei é abertamente desprezada e, pior, ridicularizada. Quando a distância entre as infrações cometidas e as que são penalizadas é tal que não se pode mais propriamente falar em repressão, é o respeito dos cidadãos pela lei, e, portanto, pela autoridade do Estado que está sendo questionado.

Quando os médicos, em seus consultórios, infringem a lei e divulgam essa infração publicamente, quando as autoridades judiciais, antes de abrir processo, são convidadas a consultar em todos os casos o Ministério da Justiça, quando os serviços sociais dos organismos públicos fornecem às mulheres desesperadas informações suscetíveis de facilitar uma interrupção da gravidez, quando, para os mesmos fins, viagens ao estrangeiro são organizadas abertamente, até mesmo em voos fretados, é aí que afirmo que vivemos uma situação de desordem e anarquia que não pode mais continuar.

Mas, dirão os senhores, por que deixamos a situação se degradar dessa maneira e por que tolerá-la? Por que não fazer com que a lei seja respeitada?

Porque se os médicos, se os agentes sociais, se mesmo um certo número de cidadãos participa dessas ações ilegais, decerto é porque se sentem obrigados a fazê-lo; às vezes, mesmo em oposição a suas convicções pessoais, veem-se confrontados a situações reais que não podem ignorar. Porque diante de uma mulher decidida a interromper sua gravidez, eles sabem que, ao recusar seus conselhos e seu apoio, atiram-na à solidão e à angústia de um ato perpetrado nas piores condições, que poderia deixá-la mutilada para sempre. Sabem que essa mesma mulher, se tiver dinheiro e souber se informar, irá a um país vizinho ou mesmo a certas clínicas na França e poderá, sem correr nenhum risco nem sofrer qualquer penalidade, pôr fim à sua gravidez. E essas mulheres não são necessariamente as mais imorais nem as mais inconscientes. Elas são 300 mil a cada ano. São as mulheres com quem convivemos todos os dias e cujos dramas e desespero quase sempre ignoramos.

Essa desordem precisa ter fim. Essa injustiça precisa ser impedida. Mas como fazê-lo?

Eu afirmo com toda a minha convicção: o aborto deve continuar a ser a exceção, o recurso último para situações sem solução. Mas como tolerá-lo sem que ele perca esse caráter de exceção, sem que a sociedade pareça encorajá-lo?

Eu gostaria, antes de tudo, de compartilhar com os senhores uma convicção de mulher – peço desculpas por fazê-lo diante desta Assembleia quase exclusivamente composta por homens: nenhuma mulher recorre com alegria ao aborto. Basta escutar as mulheres.

O aborto sempre é um drama e permanecerá sempre um drama.

Por essa razão, se o projeto que lhes está sendo apresentado leva em conta a situação efetivamente existente, se admite a possibilidade de uma interrupção de gravidez, é para melhor controlá-la e, tanto quanto possível, para dissuadir a mulher dessa ideia.

Acreditamos, assim, responder ao desejo consciente ou inconsciente de todas as mulheres que se veem nessa situação de angústia, tão bem descrita e analisada por algumas das personalidades que sua comissão especial pôde ouvir durante o outono de 1973.

Hoje, quem cuida das mulheres que se encontram nessa situação de desespero? A lei as reduz não só à humilhação, à vergonha e à solidão, mas também ao anonimato e à angústia dos processos judiciais. Obrigadas a ocultar seu estado, com muita frequência elas não encontram ninguém capaz de escutá-las, informá-las e proporcionar-lhes apoio e proteção.

Dentre os que hoje combatem uma eventual modificação da lei repressiva, quantos são os que já se preocuparam em ajudar essas mulheres em sua aflição? Quantos são os que, além daquilo que julgam como um erro, souberam manifestar às jovens mães solteiras a compreensão e o apoio de que tanto precisavam?

Eu sei que essas pessoas existem e não pretendo generalizar. Não ignoro a ação daqueles que, profundamente conscientes de suas responsabilidades, fazem tudo o que está ao seu alcance para permitir a essas mulheres assumir sua maternidade. Nós os ajudaremos em sua empreitada; faremos um apelo a eles para que nos ajudem a garantir as consultas sociais previstas na lei.

Mas a solicitude e o auxílio, quando existem, nem sempre bastam à dissuasão. Claro, as dificuldades enfrentadas pelas mulheres são, às vezes, menos graves do que elas as percebem. Algumas podem ser desdramatizadas e superadas; mas restam outras que fazem com que certas mulheres se sintam encurraladas numa situação sem qualquer saída além do suicídio, da ruína de seu equilíbrio familiar ou da infelicidade de seus filhos.

Essa é, infelizmente, a realidade mais frequente, bem mais do que o aborto dito "por conveniência". Se isso não fosse verdade, por que todos os países teriam sido levados sucessivamente a reformar sua legislação nessa matéria e a admitir que algo que ontem era reprimido de forma severa hoje é legal?

Assim, consciente de uma situação intolerável para o Estado e injusta aos olhos da maioria, o governo renunciou ao caminho da facilidade, que consistiria em não intervir. Isso, sim, teria sido laxismo. Assumindo suas responsabilidades, ele lhes apresenta um projeto de lei pensado para trazer a esse problema uma solução realista, humana e justa.

Algumas pessoas pensarão, decerto, que nossa única preocupação foi o interesse da mulher, que o texto foi elaborado exclusivamente sob essa perspectiva. Não há referências nem à sociedade – ou mesmo à nação – nem ao pai da criança a nascer e, menos ainda, à própria criança.

Longe de mim acreditar que se trata de um problema individual que só diz respeito à mulher e que a nação não está em causa. Esse problema diz respeito a ela em primeira instância, mas sob ângulos diferentes e que não requerem necessariamente as mesmas soluções.

O interesse da nação é, sem a menor dúvida, que a França seja jovem, que sua população esteja em pleno crescimento. Um projeto como este, adotado em seguida a uma lei que liberaliza a contracepção, não comportaria um risco de provocar uma queda importante de nossa taxa de natalidade, que já sofre de uma baixa preocupante?

Esse não é um fato novo, nem uma evolução exclusiva à França: um movimento de baixa bastante regular nas taxas de natalidade e fecundidade surgiu desde 1965 em todos os países europeus, independentemente de sua legislação em matéria de aborto ou mesmo de contracepção.

Seria temerário buscar causas simples para um fenômeno tão geral. Nenhuma explicação pode ser encontrada em nível nacional. Trata-se de um fato de civilização revelador da época em que vivemos e que obedece a regras complexas, as quais, diga-se de passagem, conhecemos mal.

As observações feitas nos diversos países estrangeiros pelos demógrafos não permitem afirmar que existe uma correlação demonstrada entre uma modificação da legislação sobre o aborto e a evolução das taxas de natalidade e, principalmente, de fecundidade.

É verdade que o exemplo da Romênia parece desmentir essa constatação, uma vez que a decisão tomada pelo governo desse país no final do ano de 1966, de voltar atrás nas disposições não repressivas adotadas dez anos antes, foi seguida por uma forte explosão de natalidade. Todavia, o que não se diz é que uma baixa não menos espetacular ocorreu em seguida, e é essencial frisar que nesse país, onde não existia nenhuma forma moderna de contracepção, o aborto era o modo principal de limitação de nascimentos. A intervenção brutal de uma legislação restritiva explica bem, nesse contexto, um fenômeno que não deixou de ser excepcional e passageiro.

Tudo leva a pensar que a adoção do projeto de lei terá poucos efeitos nos níveis de natalidade franceses, com os abortos legais substituindo os abortos clandestinos, uma vez decorrido um período de eventuais oscilações a curto prazo.

Ainda assim, mesmo que a baixa de nossa natalidade seja independente do estado da legislação sobre o aborto, trata-se de um fenômeno preocupante, contra o qual os poderes públicos têm o inegável dever de reagir.

Uma das primeiras reuniões do conselho de planificação dirigido pelo presidente da República será dedicada a uma análise do conjunto dos problemas da demografia francesa e às maneiras de frear uma evolução inquietante para o futuro do país.

Quanto à política familiar, o governo considerou que se tratava de um problema distinto ao da legislação sobre o aborto e que não havia razão para ligar esses dois problemas na discussão legislativa.

Isso não significa que ele não lhe atribua extrema importância. A partir de sexta-feira, a Assembleia vai deliberar sobre um projeto de lei que tende a melhorar sensivelmente os subsídios concedidos para as despesas inerentes à guarda de crianças e os subsídios ditos de órfão, destinados aos filhos de mães solteiras. Esse projeto reformará, além disso, o regime de subsídio por maternidade e as condições de atribuição de empréstimos aos casais jovens.

No que diz respeito a mim, preparo-me para propor diversos projetos à Assembleia. Um deles tende a favorecer a ação das trabalhadoras familiares, prevendo sua eventual intervenção no âmbito da ajuda social. Outro tem como objeto melhorar as condições de funcionamento e financiamento dos centros maternais em que são acolhidas as jovens mães em dificuldades durante a gravidez e os primeiros meses de vida da criança. Tenho a intenção de me dedicar em especial à luta contra a esterilidade, pela supressão da coparticipação financeira em todas as consultas sobre esse tópico. Além disso, solicitei ao Inserm [Institut National de la Santé et de la Recherche Médicale/ Instituto Nacional da Saúde e da Pesquisa Médica] que lançasse, a partir de 1975, uma ação temática de pesquisa sobre esse problema de esterilidade que desespera tantos casais.

Com o senhor ministro da Justiça, preparo-me para traçar conclusões sobre o relatório que seu colega, o sr. Rivierez, parlamentar em missão, acaba de redigir sobre a adoção. Em resposta ao desejo de muitas pessoas que desejam adotar uma criança, decidi instituir um conselho superior de adoção que será encarregado de submeter aos poderes públicos quaisquer sugestões úteis a respeito desse problema. Por fim, e sobretudo, o governo se comprometeu publicamente, pela voz do sr. Durafour, a dar início já nas próximas semanas, junto às organizações familiares, à negociação de um contrato progressivo cujo conteúdo será determinado de comum acordo com os representantes das famílias, com base nas propostas que serão apresentadas ao Conselho Consultivo da Família, o qual presido.

Na realidade, como destacam todos os demógrafos, o importante é modificar a imagem que os franceses têm do número ideal de filhos por casal. Esse objetivo é infinitamente complexo e a discussão sobre o aborto não poderia ser limitada a medidas financeiras necessariamente pontuais.

O segundo ponto que está ausente nesse projeto, decerto para muitos dos senhores, é o pai. A decisão de interromper a gravidez não deveria, parece evidente, ser tomada somente pela mulher, mas também por seu marido ou companheiro. No que me diz respeito, desejo que na prática seja sempre assim e aplaudo a comissão por nos ter proposto uma modificação nesse sentido; mas, como ela entendeu muito bem, não é possível instituir uma obrigação jurídica nessa matéria.

Por fim, o terceiro ponto ausente não seria justo essa promessa de vida que a mulher traz em si? Recuso-me a ingressar em discussões científicas e filosóficas, pois as audiências da comissão mostraram que isso representa um problema insolúvel. Não é mais possível contestar que, sob um ponto de vista estritamente médico, o embrião traga em si, definitivamente, todas as potencialidades do ser humano que se tornará. Mas ele ainda não é mais que um devir, que terá de enfrentar muitos riscos antes de chegar a termo, um frágil elo da transmissão da vida.

Seria preciso relembrar que, segundo os estudos da Organização Mundial da Saúde, de cada cem concepções, 45 são interrompidas espontaneamente durante as duas primeiras semanas, e que em cada cem gravidezes no início da terceira semana, um quarto não chega a termo, apenas devido a fenômenos naturais? A única certeza que podemos ter é o fato de que uma mulher só toma plenamente consciência de que carrega um ser vivo que um dia será seu filho quando sente em si mesma as primeiras manifestações dessa vida. E, excetuando-se

*Discurso de Simone Veil em 26 de novembro de 1974*

as mulheres imbuídas de uma profunda convicção religiosa, esse deslocamento entre um simples devir pelo qual a mulher ainda não nutre um sentimento profundo e aquilo que é o filho desde o instante de seu nascimento é o que explica o fato de que certas mulheres, que rejeitariam horrorizadas a eventualidade monstruosa do infanticídio, se resignam a considerar a perspectiva do aborto.

Quantos de nós, diante do caso de um ente querido cujo futuro estaria irremediavelmente comprometido, não tiveram o sentimento de que os princípios deveriam, às vezes, ser deixados de lado!

Não seria assim – é evidente – se esse ato fosse realmente percebido como um crime análogo aos outros. Certas pessoas, dentre as que mais se opõem a este projeto, aceitam que de fato deixemos de instaurar ações judiciais e até mesmo se oporiam com menos vigor ao voto de um texto que se limitasse a prever a suspensão das ações penais. Ou seja, eles próprios entendem que se trata aqui de um ato que tem uma natureza particular, ou, em todo caso, de um ato que exige uma solução específica.

A Assembleia não me levará a mal por ter abordado longamente essa questão. Os senhores entendem que esse é um ponto essencial, provavelmente o âmago mesmo do debate. Era necessário evocá-lo antes de passar ao exame do conteúdo do projeto.

Ao preparar o projeto apresentado hoje, o governo definiu para si mesmo um triplo objetivo: criar uma lei realmente aplicável; criar uma lei dissuasiva; criar uma lei protetora.

Esse triplo objetivo explica a economia do projeto.

Uma lei aplicável, antes de tudo.

Um exame rigoroso das modalidades e das consequências da definição dos casos em que a interrupção da gravidez seria autorizada revela contradições intransponíveis.

Se essas condições forem definidas em termos precisos – por exemplo, a existência de ameaças graves à saúde física ou mental da mulher, ou ainda os casos de estupro ou incesto comprovados por um magistrado –, fica claro que a modificação da legislação não atingirá seu objetivo, mesmo que esses critérios sejam realmente respeitados, já que a proporção de interrupções de gravidez por esses motivos é pequena. Além do mais, a apreciação dos casos eventuais de estupro ou incesto levantaria problemas de prova praticamente insolúveis dentro de um prazo adaptado à situação.

Se, pelo contrário, for dada uma definição ampla – por exemplo, o risco para a saúde psíquica ou o equilíbrio psicológico, ou a dificuldade das condições materiais ou morais de existência –, fica claro que os médicos ou comissões encarregados de decidir se essas condições estão presentes teriam de tomar uma decisão com base em critérios insuficientemente precisos e, por isso, pouco objetivos.

Em tais sistemas, a autorização de se praticar a interrupção da gravidez só é dada, na prática, em função das concepções pessoais dos médicos ou das comissões em matéria de aborto e, mais uma vez, as mulheres menos capazes de encontrar o médico mais compreensivo ou a comissão mais indulgente se veriam num beco sem saída.

*Discurso de Simone Veil em 26 de novembro de 1974*

Para evitar essa injustiça, muitos países dão a autorização de maneira quase automática, o que torna esse procedimento inútil, sem deixar de desamparar certo número de mulheres que não desejam sofrer a humilhação de se apresentar diante de uma instância que, para elas, é como um tribunal.

Ora, se o legislador é chamado a modificar os textos em vigor, é para pôr fim aos abortos clandestinos, que são com mais frequência praticados por mulheres que, por razões sociais, econômicas ou psicológicas, se sentem em tal situação de desespero que estão decididas a pôr fim à sua gravidez, custe o que custar. É por essa razão que, tendo renunciado a uma fórmula mais ou menos ambígua ou mais ou menos vaga, o governo julgou preferível enfrentar a realidade e reconhecer que, em definitivo, a decisão última só pode ser tomada pela mulher.

Entregar essa decisão à mulher não contradiz o objetivo de dissuasão, que é o segundo dos objetivos definidos para este projeto?

Não é nenhum paradoxo sustentar que uma mulher sobre a qual pesa a total responsabilidade de seu gesto hesitará bem mais em realizá-lo do que aquela que tivesse o sentimento de que a decisão foi tomada em seu lugar por outras pessoas.

O governo optou por uma solução que demarca claramente a responsabilidade da mulher por ela ser, no fundo, mais dissuasiva do que uma autorização emanada de um terceiro que não seria mais do que uma impostura, ou que rapidamente se tornaria uma.

O que é necessário é que a mulher não exerça essa responsabilidade numa situação de solidão ou angústia.

Sempre evitando instituir um procedimento que possa dissuadi-la de recorrer a ele, o projeto prevê assim diversas consultas que deverão levá-la a mensurar a gravidade da decisão que ela se propõe a tomar.

O médico pode representar aqui um papel primordial, por um lado informando completamente a mulher sobre os riscos médicos ligados à interrupção da gravidez que hoje são bem conhecidos, sobretudo os riscos de prematuridade de seus futuros filhos, e, por outro lado, sensibilizando-a à questão da contracepção.

Essa tarefa de dissuasão e aconselhamento pertence ao corpo médico de maneira privilegiada, e acredito poder contar com a experiência e o senso humano dos médicos para que se esforcem em estabelecer, ao longo desse colóquio singular, o diálogo confiante e atento que as mulheres buscam, às vezes até de maneira inconsciente.

O projeto prevê, em seguida, uma consulta junto a um organismo social que terá como missão escutar a mulher – ou o casal, quando for o caso –, deixar que exprima suas apreensões, ajudá-la a obter auxílios se essas apreensões forem financeiras, fazer com que tome consciência da realidade dos obstáculos que se opõem ou parecem se opor à chegada de uma criança. Assim, muitas mulheres serão informadas, por ocasião dessa consulta, que podem dar à luz de forma anônima e gratuita no hospital e que a eventual adoção de seu filho pode constituir uma solução.

*Discurso de Simone Veil em 26 de novembro de 1974*

Escusado é dizer que desejamos que essas consultas sejam tão diversificadas quanto possível e que, em especial, os organismos que se especializaram em ajudar as jovens mulheres em dificuldade possam continuar a acolhê-las e a oferecer-lhes uma ajuda que as incite a renunciar a seu projeto. Todas essas entrevistas ocorrerão, naturalmente, em privado, e é evidente que a experiência e a psicologia das pessoas chamadas a acolher as mulheres em dificuldades poderão contribuir de maneira substancial para lhes trazer um apoio passível de fazê-las mudar de ideia. Essa será, além disso, uma nova ocasião para evocar junto à mulher o problema da contracepção e a necessidade, no futuro, de utilizar métodos contraceptivos para nunca mais ser preciso tomar a decisão de interromper uma gravidez no caso em que a mulher não deseje ter filhos. Essa informação em matéria de regulação dos nascimentos – que é a melhor dissuasão possível para o aborto – nos parece tão essencial que contamos fazer dela uma obrigação a cargo dos estabelecimentos em que seriam feitas as interrupções de gravidez, sob pena de fechamento administrativo.

As duas entrevistas pelas quais ela deve passar, bem como o prazo de reflexão de oito dias que lhe será imposto, nos pareceram indispensáveis para que a mulher possa tomar consciência de que não se trata de um ato normal ou banal, mas de uma decisão grave que não pode ser tomada sem que se pesem as consequências, e que convém evitar a qualquer custo. É apenas após essa tomada de consciência, e no caso em que a mulher não tenha renunciado à sua decisão, que a interrupção da gravidez pode ser realizada.

Essa intervenção não deve, todavia, ser praticada sem estritas garantias médicas para a própria mulher, sendo este o terceiro objetivo do projeto de lei: proteger a mulher.

Primeiro, a interrupção da gravidez só pode ser precoce, pois os riscos físicos e psíquicos, que jamais são nulos, se tornam demasiado sérios após o fim da décima semana que se segue à concepção para que possamos permitir que as mulheres se exponham a eles.

Em seguida, a interrupção de gravidez só pode ser praticada por um médico, como é regra em todos os países que modificaram sua legislação nesse domínio. Mas é evidente que nenhum médico ou auxiliar médico será obrigado a participar dessa prática.

Por fim, para garantir mais segurança à mulher, a intervenção só será permitida em meio hospitalar, público ou privado.

Não se deve dissimular que o respeito a essas disposições que o governo julga essenciais, e que permanecem sancionadas pelas penalidades previstas no artigo 317[2] do Código Penal mantidas em vigor a esse respeito, implica uma séria reorganização que o governo pretende levar a

2. O artigo 317 do Código Civil Napoleônico, de 1810, previa a condenação sem distinção nos termos: "Quem provocar o aborto de uma mulher grávida com ou sem seu consentimento por meio de alimentos, drogas, medicamentos, violência ou outros remédios será punido com a prisão."

*Discurso de Simone Veil em 26 de novembro de 1974*

bom termo. Serão suprimidas práticas que receberam recentemente uma publicidade indesejável e que não mais poderão ser toleradas a partir do momento em que as mulheres terão a possibilidade de recorrer legalmente a intervenções realizadas em reais condições de segurança.

Da mesma maneira, o governo está decidido a aplicar com firmeza as novas disposições que substituirão as da lei de 1920 em matéria de propaganda e publicidade. Ao contrário do que se diz por aí, o projeto não proíbe que se deem informações sobre a lei e sobre o aborto; ele proíbe a incitação ao aborto por qualquer meio, pois tal incitação permanece inadmissível.

O governo demonstrará a mesma firmeza ao não permitir que a interrupção de gravidez dê origem a lucros chocantes; os honorários e despesas de hospitalização não deverão ultrapassar os tetos fixados por decisão administrativa em virtude da legislação relativa aos preços. Pela mesma razão, e para evitar que recaiamos nos abusos constatados em certos países, as estrangeiras deverão justificar suas condições de residência para que sua gravidez possa ser interrompida.

Eu gostaria, por fim, de explicar a opção adotada pelo governo, criticada por alguns, quanto ao não reembolso da interrupção de gravidez pela Previdência Social.

Quando sabemos que os tratamentos dentários, as vacinas não obrigatórias, as lentes de correção não são, ou são de forma muito parcial, reembolsados pela Previdência Social, como explicar que a interrupção de gravidez seja, por sua vez, reembolsada? Se nos ativermos aos princípios gerais da Previdência Social, a interrupção de gravidez, quando não é terapêutica, não deve ser reembolsada. Seria preciso fazer uma exceção a esse princípio? Nós acreditamos que não, pois nos pareceu necessário frisar a gravidade de um ato que deve permanecer excepcional, mesmo que imponha, em certos casos, um peso financeiro às mulheres. O importante é que a ausência de recursos não possa impedir uma mulher de solicitar uma interrupção de gravidez quando isso se revelar indispensável; por essa razão, uma ajuda médica foi prevista para as mais carentes.

Também é importante demarcar bem a diferença entre a contracepção que, quando as mulheres não desejam filhos, deve ser encorajada por todos os meios e cujo reembolso pela Previdência Social acaba de ser decidido, e o aborto, que a sociedade tolera, mas que não deve nem financiar nem encorajar.

Raras são as mulheres que não desejam filhos; a maternidade faz parte da realização de sua vida, e as que não conheceram essa alegria sofrem profundamente por isso. Se a criança, uma vez nascida, quase nunca é rejeitada e proporciona à sua mãe, com seu primeiro sorriso, as maiores alegrias que ela possa conhecer, certas mulheres sentem-se incapazes, devido a dificuldades gravíssimas que encontram em determinado momento de sua existência, de oferecer a um filho o equilíbrio afetivo e a solicitude que lhe devem. Nesse momento, elas farão de tudo para evitá-lo ou para não o manter. E ninguém poderá impedir que façam isso. Mas as mesmas mulheres, alguns meses mais tarde, com a vida afetiva ou material transformada, serão as primeiras a desejar um filho e se tornarão, talvez, mães extremamente afetuosas. É para estas que desejamos pôr fim ao aborto clandestino, ao qual elas não deixariam de recorrer, sob o risco de se tornar estéreis ou feridas no âmago de seu ser.

Minha intervenção está chegando ao fim. De forma voluntária, optei por discorrer sobre a filosofia geral do projeto em vez de detalhar suas disposições, que examinaremos à vontade durante a discussão dos artigos.

Sei bem que alguns dos senhores julgarão em consciência que não podem votar por este texto, nem por nenhuma lei que retire o aborto do âmbito do proibido e do clandestino.

Quanto a essas pessoas, espero tê-las ao menos convencido de que este projeto é fruto de uma reflexão honesta e aprofundada sobre todos os aspectos do problema e que, se o governo assumiu a responsabilidade de submetê-lo ao Parlamento, foi após ter mensurado seu alcance imediato, bem como suas consequências futuras para a nação.

Para prová-lo, direi que, recorrendo a um procedimento totalmente excepcional em matéria legislativa, o governo propõe que sua aplicação seja limitada a cinco anos. Assim, na hipótese de que, durante esse lapso de tempo, fosse constatado que a lei aqui votada não mais se adapta à evolução demográfica ou ao progresso da medicina, o Parlamento teria de se pronunciar novamente em cinco anos tendo em conta esses novos dados.

Outras pessoas ainda hesitam. Elas têm consciência do sofrimento de muitas mulheres e desejam poder ajudá-las; temem, todavia, os efeitos e as consequências da lei. A estes quero dizer que, se a lei é geral e, portanto, abstrata, ela é feita para se aplicar a situações individuais muitas vezes angustiantes; que, se ela não mais proíbe, também não cria nenhum direito ao aborto e, como disse Montesquieu, "a natureza das leis humanas é estarem submetidas a todos os acidentes que ocorrem e variarem conforme as vontades dos homens mudam. Pelo contrário, a natureza das leis da religião é de jamais variar. As leis humanas legislam sobre o bem, a religião sobre o melhor".

É justamente nesse espírito que, há mais ou menos dez anos, graças ao presidente de sua comissão legislativa, com o qual tive a honra de colaborar quando era ministro da Justiça, nosso prestigioso Código Civil foi rejuvenescido e transformado. Certas pessoas temeram, na época, que ao tomar conhecimento de uma nova imagem da família estivéssemos contribuindo para deteriorá-la. Nada disso ocorreu e nosso país pode se orgulhar de uma legislação civil mais justa, mais humana, mais bem adaptada à sociedade em que vivemos.

Sei bem que o problema que debatemos hoje diz respeito a questões infinitamente mais sérias e que preocupam muito mais a consciência de todos. Mas, em definitivo, se trata também de um problema de sociedade.

Gostaria, enfim, de dizer-lhes o seguinte: ao longo da discussão, defenderei este texto, em nome do governo, sem segundas intenções e com toda a minha convicção, mas é verdade que ninguém pode sentir uma satisfação profunda em defender um texto como este – o melhor possível, em minha opinião – sobre tal tema: ninguém jamais contestou, e a ministra da Saúde menos do que qualquer outra pessoa, que o aborto representa um fracasso, quando não um drama.

Mas não podemos mais fechar os olhos aos 300 mil abortos que, a cada ano, mutilam as mulheres deste país, desrespeitam nossas leis e humilham ou traumatizam aquelas que a eles recorrem.

A história nos mostra que os grandes debates que dividiram por um momento os franceses se revelam, com o recuo do tempo, como uma etapa necessária à formação de um novo consenso social, que se inscreve na tradição de tolerância e sensatez de nosso país.

Não faço parte dessas pessoas que temem o futuro.

As novas gerações nos surpreendem, às vezes, por serem tão diferentes de nós; nós mesmos as educamos de maneira distinta da que fomos educados. Mas essa juventude é corajosa, tão capaz quanto as outras de entusiasmo e sacrifício. Saibamos confiar nela para conservar à vida seu valor supremo.

*Após cerca de 25 horas de intenso debate, com intervenção de 74 oradores, a lei que autoriza o aborto é aprovada pela Assembleia francesa, às 3h40 do dia 29 de novembro de 1974, por 284 votos contra 189.*

# ENTREVISTA A ANNICK COJEAN[1]

*Embora o século XX tenha conhecido longos e sulfurosos debates em torno do aborto, ainda assim é notável constatar que nos períodos mais remotos da história, na Grécia, no Egito, bem como em Roma, a prática do aborto sempre existiu.*
Em todos os tempos, de fato, as mulheres se depararam com o problema da gravidez indesejada. Em todos os tempos, em todas as sociedades e civilizações, as mulheres buscaram por todos os meios – inclusive os mais traumáticos – interromper uma gravidez que se viam impossibilitadas de assumir. Fosse no quadro do casamento ou de uma união considerada regular, ou fruto de uma relação adulterina ou fora do casamento. E, nesse último caso, bem conhecemos o terrível opróbrio sofrido pelas mulheres. Ou pior, o castigo que uma lei como a da xaria lhes reserva: a lapidação, a morte. Mulheres jovens, mesmo na França, foram vítimas disso há não muito tempo.

---

1. Entrevista feita em 2004, ano da primeira edição do livro na França.

*Um problema perpétuo, portanto. E um problema de mulheres...*
Sim. Um problema de mulheres. Jamais assumido pelos homens. Sua ajuda, sua compreensão, seu apoio a essas mulheres em dificuldades sempre foi muito raro. Seja porque a gravidez de uma companheira era a manifestação do poder e da capacidade sexual deles, e que para muitos a mulher existia apenas para fazer filhos – antigamente, o maior número possível (dada a mortalidade infantil), e de preferência meninos, capazes de garantir a descendência e, se fosse o caso, de sustentá-los na velhice –, seja porque não tinham nenhuma intenção de aceitar a menor responsabilidade na vida da criança a nascer. As mulheres que se virassem sozinhas com seu problema, entre elas, e por sua conta e risco, coisa que elas sempre fizeram. Sempre se encontraram mulheres para ajudar as outras a abortar, às vezes com contrapartidas financeiras, mas com muita frequência por simples solidariedade.

*Os textos mais antigos conhecidos hoje reprimem o aborto, não por respeito à vida embrionária, mas com vistas a proteger os interesses assim lesados do pai, o único que dispunha de um direito de vida ou morte sobre seus filhos. Mais tarde, a Igreja individualizou o feto, alegando a necessária proteção do nascituro antes de seu batismo. Por fim, o aborto se tornou, aos olhos da lei, um crime grave, que atentava não somente à moral, mas aos interesses da sociedade e do Estado.*
Esse é justamente o fundo do debate natalista. Ao final das guerras napoleônicas, a França, até então o país mais

populoso da Europa, sofreu uma forte baixa demográfica, em razão das mortes registradas nos campos de batalha. Mas o final do século XIX conheceu também uma limitação voluntária, poderíamos mesmo dizer planejada, do número de nascimentos nas famílias que, apesar do seu puritanismo, e muito provavelmente por razões patrimoniais, de repente pareciam "se arranjar", "se virar". Essa situação suscitou declarações alarmistas sobre a despovoação ou o "desaparecimento" da França. Após a trágica sangria da guerra de 1914, o aborto – e mesmo a contracepção – passou a ser um "perigo nacional", um "crime contra a nação". Esse era, em todo caso, o discurso dos natalistas que brandiam estatísticas para evocar a progressão do mal. E foi o que engendrou a lei de 1920, que reprimia ao mesmo tempo a provocação ao aborto e toda propaganda anticoncepcional. Numerosas disposições foram adotadas a partir daí para encorajar e proteger a família, em particular o Código da Família em 1939. O regime de Vichy, desta vez por razões ideológicas, acentuou fortemente a tendência, atribuindo inclusive a derrota de 1940 à queda da natalidade. Tratava-se também de compensar a baixa de nascimentos resultante do enorme número de prisioneiros de guerra encarcerados na Alemanha.

*O discurso de Vichy estigmatiza de modo horrível a "má mulher", a "assassina de crianças", mostrando o aborto como a "forma rematada e imperdoável do egoísmo feminino".*
A repressão ao aborto não podia deixar de ser reforçada.

As condenações se multiplicaram, penas criminais foram pronunciadas. Uma mulher chegou a ser decapitada!

*É inacreditável!*

Sim, é inacreditável. O caso dessa mulher, Marie-Louise Giraud, uma lavadeira de Cherbourg conhecida como tecedeira de anjos, foi tema de um filme interessantíssimo de Claude Chabrol, em 1988, *Um assunto de mulheres*, com uma interpretação magnífica de Isabelle Huppert. O caso não foi divulgado na época, mas ouvi falar dele por meio das secretárias quando trabalhava na administração penitenciária. Como o Ministério da Justiça sempre foi muito pobre, ele empregava, de fato, para as tarefas de secretariado, as guardas de prisão feminina da Petite Roquette, a mesma onde Marie-Louise Giraud foi encarcerada e mais tarde decapitada. E muitas se lembravam do caso, que as traumatizara profundamente. Mas, como a senhora sabe, essas mulheres, que aliás se entendiam muito bem, falavam bastante desse tema entre elas. Estávamos no fim dos anos 1950, a contracepção não era autorizada, e a angústia de uma gravidez era, para algumas delas, permanente. Seja porque já tivessem três ou quatro filhos e um novo nascimento representaria problemas de moradia intransponíveis, seja porque trabalhavam e não podiam se dar ao luxo de parar, seja porque não eram casadas e se arriscavam à desonra... Uma grande angústia, portanto; uma preocupação constante; e mulheres solidárias que se perguntavam, quando uma gravidez se anunciava para uma delas: o que fazemos? Como podemos ajudar?

*O aborto também era um tema de debate no seu meio profissional, entre os magistrados?*

E como! Embora qualquer questão de caráter político fosse tabu no meio da magistratura, o tema do aborto era debatido abertamente e suscitava, mesmo, alguns confrontos. Lembro-me de um debate organizado nas dependências do Supremo Tribunal, em que os espíritos estavam exaltados. Alguns consideravam urgente uma liberalização da lei, outros queriam aplicá-la com ainda mais rigor. Na época, havia um juiz de instrução encarregado das questões médicas e dos processos contra os médicos que era obcecado pela questão do aborto. Não citarei seu nome, mas ele era o pesadelo do corpo médico, sobretudo os ginecologistas, e perseguia com prazer, e mesmo uma espécie de sadismo, as mulheres acusadas e qualquer pessoa que pudesse tê-las ajudado a abortar. Cartas e denúncias anônimas facilitavam essa tarefa.

*A senhora se interessava pessoalmente por essas discussões?*
Bastante, como muitas jovens magistradas. O ingresso de mulheres nessa profissão teve grande influência na evolução desse debate, que aliás é indissociável do debate sobre a contracepção. Sugiro reler as disposições relativas à contracepção na lei de 1920. É extraordinário! Era proibido a qualquer pessoa, inclusive aos médicos, oferecer às mulheres qualquer conselho em matéria de contracepção, incluindo-se aí o famoso método Ogino, baseado no cálculo dos períodos de fecundidade feminina, ou o método das curvas de temperatura. Na Inglaterra, na Suíça, nos

Estados Unidos já se falava há muito das técnicas de *birth control*. A pílula fora inventada, a ideia de controle e planejamento dos nascimentos se alastrava (aliás, o ancestral do Planejamento Familiar foi chamado, já em 1956, de "Maternidade Feliz"). Mas a França parecia bloqueada.

*Como a senhora explicaria esse atraso?*
Durante muito tempo, a explicação foi principalmente o peso da Igreja e da tradição. Mas percebi, com a chegada da pílula, que o debate em torno da contracepção perturbava os homens muito mais do que a questão do aborto. Como explicar? A contracepção era, de fato, uma revolução na história da maternidade: "Um filho quando você o quiser"... Era inacreditavelmente novo. Com a pílula, a mulher adquiria independência, tornava-se a responsável pela procriação, programadora do nascimento sem mesmo que o homem soubesse. Eis o grande ponto de virada na história dos homens e mulheres! Eis a verdadeira ruptura em relação a todos os milênios durante os quais o homem era o mestre da procriação. Muitos homens passaram a sentir-se frustrados, destituídos, ansiosos. Estavam sendo privados da sua virilidade! Isso lhes parecia inimaginável. Aliás, é sintomático que a lei de 1967, que finalmente liberava a contracepção, tenha se originado de um projeto de lei proposto por um deputado – Lucien Neuwirth –, e não de um projeto do governo.

*Os debates no Parlamento refletiam essa inquietude dos homens?*
Mas é claro! Menos de dez anos antes da lei que autorizava

o aborto, foram ditas na tribuna coisas absolutamente extravagantes. O que prevalecia era o sentimento de destituição. E a impressão de que, ao contrário do aborto – que ninguém de fato questiona se tratar de uma decisão dura e penalizante –, a contracepção, que se tornara fácil, quase anódina, era a luxúria... e a porta aberta ao adultério.

*Os decretos de aplicação da lei foram, aliás, tão restritivos quanto possível.*
Eles demoraram muito para ser publicados e trouxeram limitações que não eram cabíveis à implementação da lei. Nenhuma campanha de informação foi realizada para explicar as práticas que passaram a ser autorizadas. Pelo contrário! Muitos médicos – e entre eles, algumas sumidades – divulgaram a ideia de que a pílula fazia engordar, favorecia o câncer, enfim, tudo o que pudesse dissuadir da ideia de tomá-la. E nem sempre era fácil conseguir uma receita. É por isso que, mesmo antes de apresentar a lei sobre o aborto em novembro de 1974, fiz votar um texto que facilitava ainda mais a contracepção, abrangendo inclusive o reembolso.

*A lei de 1967 sobre a contracepção não resolveu o problema do aborto clandestino, ao contrário do que esperavam na época as militantes do Planejamento Familiar, como Évelyne Sullerot.[2]*
O Planejamento considerava a contracepção um meio de libertar as mulheres tanto das maternidades indesejadas

---

2. N. da E.: Socióloga e feminista francesa (1924-2017).

quanto do aborto. Se fossem mães somente quando o desejassem, as mulheres seriam mais realizadas, as famílias mais felizes e o aborto, esse flagelo social denunciado na revista da associação, desapareceria pouco a pouco. Foi preciso cair em si, admitir os acidentes e deficiências da contracepção e levar em conta uma realidade alarmante sob todos os aspectos.

*O que se sabe sobre os abortos praticados no final dos anos 1960?*
Eles eram muito comuns – várias centenas de milhares – e abrangiam todos os meios, todas as regiões, todas as idades (sendo uma grande maioria de mulheres entre 20 e 35 anos, muitas vezes casadas), e levavam à morte ao menos trezentas mulheres por ano, sem falar das que se tornavam estéreis ou gravemente mutiladas. Apenas as famílias muito religiosas rejeitavam a ideia por completo. Certas clínicas francesas os praticavam por um preço elevado, mas muitas mulheres iam à Inglaterra, aos Países Baixos ou à Suíça. As viagens, no início, eram individuais e reservadas às mulheres mais abastadas. Depois, viagens de ônibus começaram a ser organizadas por iniciativa das associações femininas, verdadeiras excursões que partiam de pequenas cidades do interior para diversos destinos no estrangeiro. Os horários chegavam a ser divulgados nas associações e em panfletos disponíveis em certas farmácias. A lei era desprezada à vista de todos. Mas o mais chocante, é claro, era a permanência de uma injustiça gritante. As mulheres bem informadas e que dispunham de dinheiro davam um jeitinho e

recebiam cuidados médicos adequados. As outras, aquelas que justamente muitas vezes não tinham outra escolha além do aborto, estavam perdidas, prontas a assumir riscos gigantescos e a lançar mão de qualquer recurso.

*E quais eram esses recursos?*
Era tabu! Não se falava disso oficialmente. Era o boca a boca que funcionava. Entre amigas, entre colegas, no chão da fábrica...

*Um estudo realizado no fim dos anos 1950 revelou, todavia, que mais de 80% dos abortos eram praticados por pessoas sem competência, oriundas de profissões tão diversas quanto contadora e prostituta. O meio médico estava implicado, apesar disso?*
Os profissionais da saúde se arriscavam a perder a licença, mas está claro que parteiras, enfermeiras, mesmo médicas generalistas e ginecologistas chegaram a atuar em total sigilo. Muitas vezes, por razões estritamente humanas. Ouvi dizer até mesmo que, em certas casas de saúde religiosas, mulheres em grande dificuldade puderam encontrar escuta e ajuda generosas. Dito isso, muitos médicos, de plantão no hospital, viram surgir na emergência mulheres literalmente massacradas por tecedeiras de anjos, pessoas sem nenhuma formação médica cujo endereço era transmitido à boca pequena e que atuavam em condições de higiene deploráveis, seguindo métodos mais do que precários. Às vezes, por complacência; com mais frequência por dinheiro. Entretanto, existiam também clínicas muito chiques – e muito caras – nas quais certos

médicos assumiram uma posição contra a lei que autorizava o aborto, convencidos de que a clandestinidade era infinitamente mais vantajosa para seus negócios...

*Na virada dos anos 1970, a opinião pública evoluiria muito rápido, graças, sobretudo, a reportagens e campanhas publicadas na imprensa.* Marie Claire, Le Nouvel Observateur... E a revista *Elle*, em especial com Rose Vincent; a revista do Planejamento Familiar; e também a associação Choisir, fundada por Gisèle Halimi, que eu conhecia bem por ela ter sido advogada de várias mulheres argelinas que eu atendera quando estavam detidas. Nossas relações sempre foram amigáveis. Ela era muito ativa, muito feminista, muito militante, mas jamais extremista. E é graças a personalidades como ela, bem como os drs. Marie-Andrée Weil-Hallé, Pierre Simon, Joëlle Kaufmann, graças também à mobilização de organizações feministas e ao envolvimento de diversas mídias femininas que eu pude, um pouco depois, fazer aprovar a lei de 1975.

*A senhora se lembra do "Manifesto das 343", publicado em 5 de abril de 1971 pela revista* Le Nouvel Observateur, *no qual 343 mulheres, dentre as quais Simone de Beauvoir, Françoise Sagan, Catherine Deneuve e Delphine Seyrig, afirmavam já ter recorrido ao aborto?*
Sim, é claro! Foi, da parte dessas mulheres, um ato muito audacioso. Elas enfrentaram a sociedade ao assumir o opróbrio suscitado na época pela prática do aborto. Embora na verdade não corressem riscos sob o ponto de

vista penal, as consequências não eram nada insignificantes no plano pessoal. Assim, esse foi um gesto militante muito poderoso, com intenção provocadora, destinado a fazer avançar o processo e obrigar o governo a abrir os olhos à perversidade da lei de 1920.

*O jornal* Le Monde *de 6 de abril de 1971 nota que esse manifesto marca "uma data na evolução dos costumes" e André Fontaine[3] escreve: "O escândalo é muitas vezes necessário, infelizmente, para apressar as evoluções indispensáveis."*

Foi, sem dúvida, o processo de Bobigny, no ano seguinte, que representou um ponto sem volta. Uma moça de 16 anos, Marie-Claire, submeteu-se a um aborto com a cumplicidade de sua mãe, funcionária da RATP [empresa de transporte de trens urbanos de Paris], e duas colegas desta última. Foi o pai da criança que a denunciou. Gisèle Halimi decidiu defendê-la e transformar o caso numa questão nacional. Ela fez de tudo para mobilizar a opinião pública: panfletos, manifestações, convocação de testemunhas ilustres para denunciar a hipocrisia e a injustiça da lei. Muitos homens – pesquisadores, professores de medicina – se envolveram corajosamente, em especial o prêmio Nobel de Medicina Jacques Monod. A moça foi absolvida e as cúmplices receberam condenações leves. A repressão do aborto, decididamente, não era mais aceitável. Na verdade, uma circular recomendava aos ministérios públicos que deixassem de processar as pessoas visadas.

3. N. da E.: Historiador e jornalista francês (1921-2013).

*Chegamos então à eleição do presidente Valéry Giscard d'Estaing e à sua entrada no governo.*
Ainda não! Pois, em 1973, o governo Messmer se viu submetido a uma tal pressão da opinião pública e da oposição que confiou ao ministro da Justiça, Jean Taittinger, a tarefa de preparar um projeto de reforma. O presidente Pompidou não estava muito animado, nem seu primeiro-ministro, mas as manifestações se multiplicavam e os serviços da Chancelaria, favoráveis de maneira geral a uma reforma, muito provavelmente explicaram ao governo que a situação se tornava impossível de controlar. Era uma verdadeira ameaça à ordem pública.

*De qualquer maneira, esse novo projeto se revelaria extremamente restritivo. O aborto só seria autorizado em três casos: quando houvesse um risco real à saúde física ou mental da mãe, um risco elevado de má-formação fetal ou quando a gravidez era resultado de estupro ou incesto. Isso não resolveria nenhum problema!*
Não, mas ainda assim ele suscitou uma oposição feroz e virulenta da parte da direita. O texto foi devolvido à Comissão dos Assuntos Culturais, Familiares e Sociais antes mesmo que se discutissem os artigos.

*Adiado "para o dia de São Nunca", escreveu* L'Express!
A verdade é que essa comissão, presidida por Henry Berger, realizou na ocasião um trabalho considerável que foi preciosíssimo para mim alguns meses depois. Suas numerosas entrevistas com especialistas, médicos,

religiosos, demógrafos, filósofos e juízes permitiram que todos os que tinham uma opinião fossem ouvidos. E o livro branco[4] resultante permitiu que eu me familiarizasse com o assunto tendo um bom conhecimento dos argumentos apresentados.

*O presidente Georges Pompidou morre prematuramente em 2 de abril de 1974. A campanha eleitoral é então organizada e os dois principais candidatos da direita, Jacques Chaban-Delmas e Valéry Giscard d'Estaing, mostram-se abertos, mas prudentes, temendo perder parte do seu eleitorado. A senhora tinha uma preferência por Chaban-Delmas?*
Sim, sua posição sobre a "Nova Sociedade" deu-me a impressão de que ele era mais aberto e mais reformista.

*Eleito, Valéry Giscard d'Estaing se pronuncia claramente a favor de uma liberalização do aborto, chega a empenhar toda a sua autoridade e impõe a reforma a seu primeiro-ministro Jacques Chirac, que é hostil a ela. Quando este último lhe telefona para propor a pasta da Saúde, isso subentendia a gestão do dossiê do aborto?*
Não, de forma alguma. O ministro da Justiça era quem havia preparado o projeto de lei anterior. Eu não tinha, portanto, nenhuma razão para pensar que isso caberia ao ministro da Saúde. Foi meu predecessor, Michel

---

4. N. da E.: Nome que se dá a um conjunto de documentos oficiais sobre todo contexto acerca de determinado assunto, compilados por um governo ou instituição.

Poniatowski,[5] quem me falou a respeito, por ocasião da minha tomada de posse. Ele sabia que eu me interessava particularmente por essa questão. "É urgente legislar", disse-me ele, "ou você se arrisca a ser surpreendida uma bela manhã por um aborto selvagem praticado no seu próprio escritório!"

*Houve rumores de que Jean Lecanuet, o ministro da Justiça, se recusara a tomar conta desse assunto por razões de consciência.*
Não creio que isso seja verdade. Acredito, ao contrário, que ele ficou espantado, talvez até decepcionado, por não ter sido ele quem, na qualidade de ministro da Justiça, tenha sido encarregado desse dossiê, já que se tratava de modificar o Código Penal. Ele provavelmente teria apresentado um projeto diferente e atribuído condições mais restritivas à autorização de abortar. Mas era favorável a uma reforma da lei. Sua presença no Senado e seu apoio pessoal, aliás, me foram de grande ajuda junto aos parlamentares.

*Também teria sido compreensível se o tema fosse confiado à Secretaria de Estado da Condição Feminina.*
Não creio que essa hipótese tenha sido considerada. Primeiro, porque esse assunto dizia respeito ao conjunto da sociedade francesa, e não apenas às mulheres. Em seguida, porque a lei respondia prioritariamente a preocupações

---

5. N. da E.: Ministro da Saúde e da Seguridade Social de abril de 1973 a maio de 1974, precedendo Simone Veil e sendo responsável por um primeiro desenho de projeto de legalização do aborto na França.

de saúde e, assim, suas disposições deviam ser essencialmente de ordem médica. Por fim, Françoise Giroud era favorável às propostas do MLAC, o Movimento para a Liberação do Aborto e da Contracepção, que defendia uma maior liberdade com base no direito das mulheres de dispor do seu corpo. Um discurso que não era conforme ao espírito do texto da forma como o presidente da República teria preferido, e inaceitável para a grande maioria dos parlamentares diante dos quais eu teria de defender a lei. Ora, eu precisava ser pragmática e levar em consideração as relações de força existentes no Parlamento.

*Como a senhora as descreveria?*
Havia de um lado a direita, majoritária, mas muito dividida quanto à questão do aborto e, *a priori*, hostil a uma reforma de inspiração liberal. E do outro, a esquerda – socialistas e comunistas – em princípio disposta a votar em favor do projeto, sob a condição de que não houvesse emendas que viessem impor condições restritivas à IVG. Assim, havia risco de faltarem votos no seio da maioria, e eu precisava convencer esses parlamentares, com muito cuidado para não contrariar inutilmente certos apoios em potencial. Por isso a clareza do meu discurso: a lei era necessária para evitar uma situação dramática inextricável, dar fim a uma desordem pública e aliviar o sofrimento de milhares de mulheres. Posicionei-me no terreno desse sofrimento, bem como na dignidade e na responsabilidade da mulher. Eram argumentos, a meu ver, irrefutáveis.

Assim, quando Françoise Giroud invocou, diante da Comissão dos Assuntos Culturais, Familiares e Sociais, o direito da mulher de dispor do seu corpo, provocando reações vívidas de certos parlamentares que, ainda hesitantes, ameaçaram não votar a lei, tive de intervir para tranquilizá-los. Eu não podia permitir que o debate se desviasse para a questão do direito da mulher ou da natureza do embrião.

*O presidente Giscard d'Estaing queria avançar rapidamente. Como a senhora preparou o projeto de lei?*
Eu tive a sorte de contar com duas juristas excepcionais, num gabinete extremamente unido: Myriam Ezratty, que se tornou em seguida presidente do Tribunal de Recursos de Paris, e Colette Même, uma brilhante conselheira de Estado. Nós três, depois de conversar muito, concordamos exatamente no mesmo ponto: a decisão final de proceder a uma interrupção voluntária de gravidez devia caber à mulher, e somente a ela, e a intervenção só poderia ser praticada por um médico. Restava encontrar a tática certa para fazer com que fosse aprovada uma lei cujas disposições respondessem a esses critérios e fossem facilmente aplicáveis. Esse trabalho, é claro, foi realizado em estreita colaboração com o gabinete do presidente da República.

*Sem dúvida, foi necessário multiplicar as entrevistas e os encontros...*
O livro branco foi uma boa base de informações, mas também consultei bastante os responsáveis pelas associações

interessadas, a Ordem dos Médicos, professores, ginecologistas. Eu tinha perguntas muito precisas a fazer a estes últimos, sobretudo quanto ao prazo razoável dentro do qual a IVG poderia ser autorizada. Eu não tinha opinião nessa matéria (tratava-se de uma questão médica), e era preferível seguir a recomendação deles – dez semanas – se quiséssemos que eles respeitassem a lei. Além disso, o texto garantia a todo o pessoal médico e paramédico a possibilidade de invocar uma cláusula de consciência.

*Uma cláusula que a senhora até mesmo concordou em estender, via emenda, aos conselhos administrativos dos estabelecimentos privados, possibilitando assim que esse organismo proibisse a prática do aborto em todo o estabelecimento.*
É verdade, eu aceitei essa emenda e isso provocou uma grande indignação nas fileiras da esquerda. Houve inclusive uma suspensão de sessão! Na verdade, eu sabia que a Igreja tinha a preocupação de evitar que os abortos fossem praticados num estabelecimento católico. Gaston Defferre, que presidia o grupo socialista, não entendeu no início e ameaçou não votar o projeto, o que teria sido catastrófico. Assim, fui conversar com ele, para grande decepção de certas testemunhas pertencentes à maioria, para lhe explicar que essa emenda se destinava a tranquilizar a hierarquia religiosa. Ele entendeu, e a esquerda, cujos votos eram indispensáveis, finalmente votou.

*A Igreja representou um obstáculo importante?*
Muito menos do que havíamos temido. Ela poderia ter

sido bem mais agressiva, mas provavelmente sentia que uma reforma era inevitável e que, em vez de se opor a ela por princípio, era melhor insistir nos pontos que mais lhe interessavam. É bem provável que um papa como João Paulo II, que discursa frequentemente sobre essa questão, tivesse mostrado mais intransigência do que Paulo VI e fizesse mais pressão sobre os católicos franceses.

*Os representantes de outras religiões chegaram a se manifestar?*
Os protestantes estavam divididos, mas a maioria apoiava a lei, sobretudo o movimento "Jovens Mulheres". Quanto aos rabinos, eles eram, acredito, majoritariamente hostis, mas não chegaram a intervir e nunca recebi nenhuma requisição da parte deles.

*Fato excepcional durante a Quinta República: quando o debate no Parlamento é iniciado, em 26 de novembro de 1974, ninguém pode prever o resultado do escrutínio. Nenhuma disciplina de voto prevalece, o número de oradores é impressionante, a maioria pode facilmente rejeitar o texto do governo que ela apoia. E é à senhora, na tribuna da Assembleia e diante das câmeras de televisão, que cabe defender seu projeto de lei.*
Lembro-me de ter rabiscado o essencial do meu discurso ao lado de uma das minhas netas, que na época tinha 18 meses. Mandei-o à datilógrafa e o bloco acabou sendo descartado ou perdido. Na época, eu não fazia questão de preservar esse tipo de arquivo! O texto seguiu então o circuito habitual e eu o retrabalhei com Dominique Le

Vert, meu diretor de Gabinete, que se envolveu bastante nesse processo.

*A senhora concluiu com estas palavras: "Defenderei este texto [...] sem segundas intenções, e com toda a minha convicção, mas é verdade que ninguém pode sentir uma satisfação profunda em defender um texto como este". Isso foi uma confissão? Foi uma tática?*
Pôr fim a uma gravidez é uma decisão muito séria! E embora represente um alívio para as mulheres que recorrem a ele, o aborto é, por natureza, uma intervenção traumática. A lei foi, obviamente, recebida por muitas mulheres como a afirmação de um direito, mas eu sempre insisti sobretudo na ideia de responsabilidade. Quaisquer que sejam a evolução e os progressos da genética, a Corte de Cassação mantém sua jurisprudência e não reconhece uma existência jurídica para o embrião. Por causa disso, é compreensível que certas pessoas tenham se mostrado hostis à lei e permaneçam profundamente chocadas.

*Ao subir à tribuna, a senhora imaginava o grau de hostilidade que encontraria?*
Não. Eu sabia – até mesmo pela correspondência recebida – que os ataques seriam vigorosos, já que o tema contrariava convicções filosóficas e religiosas sinceras. Mas eu não imaginava o ódio que suscitaria, a monstruosidade do discurso de certos parlamentares, nem sua grosseria contra mim. Uma linguagem de caserna. Pois, ao que parece, ao abordar esse tipo de tema, e diante de uma

mulher, certos homens lançam mão espontaneamente de um discurso saturado de machismo e vulgaridade.

*Alguns tentaram recorrer à emoção: René Feit, deputado do Jura, e Emmanuel Hammel, deputado do Rhône, lançaram mão de um gravador para exibir os batimentos cardíacos de um feto, denunciando, no caso do primeiro, um "genocídio legalizado"; Albert Liogier, da Ardèche, estimava que se estavam escancarando as portas da pornografia e que para Satanás, o grande articulador, "contracepção e aborto não são mais que dois capítulos do livro da sexualidade"; Pierre Bas, de Paris, evocou as profecias de Aldous Huxley e a "eutanásia do bel-prazer", e Jacques Médecin, de Nice, falou de "barbárie organizada e coberta pela lei, como haviam feito os nazistas"...*
Odioso.

*Muitas alusões ao nazismo...*
Sim, bem como na abundante correspondência que eu recebia contendo palavras ignóbeis, suásticas e discursos antissemitas. [A Associação] "Laissez-les vivre" ["Deixem-nos viver"] organizara uma vasta campanha. E certos movimentos de extrema direita se aproveitaram disso. Revivi a mesma coisa um pouco mais tarde, quando estava no Parlamento Europeu. Certas propostas de diretrizes sobre a cosmetologia relacionadas à experimentação em animais me valeram diversas cartas evocando o genocídio judeu.

*Qual foi a pior coisa que a senhora ouviu?*
O discurso de Jean-Marie Daillet.

*Aquele que perguntou se a senhora aceitaria lançar os embriões no forno crematório?*
Sim. Creio que ele não conhecia minha história, mas o fato de simplesmente ousar fazer uma referência à exterminação dos judeus com relação à IVG era escandaloso. Além do mais, havia muita hipocrisia naquela assembleia em que a grande maioria dos membros eram homens, alguns dos quais pediam, por baixo do tapete, endereços para que sua amante ou uma pessoa da sua família fizesse um aborto.

*O argumento natalista também ressurgiu, como após as duas guerras.*
Para Michel Debré,[6] a diminuição da natalidade francesa e o envelhecimento da população pareciam um perigo aterrorizante diante do crescimento e rejuvenescimento das populações magrebinas. Sua intervenção, entretanto, teve uma tonalidade bem diferente da de muitos adversários da lei. Na verdade, o destino fez com que, ao final do debate em segunda leitura, para espairecer, eu fosse a uma projeção privada seguida de um jantar no qual me sentei ao lado de Michel Debré. Assim, foi ele quem me protegeu de um enxame de repórteres que queriam me fotografar, a tal ponto que uma revista publicou uma foto em que estou praticamente abraçada com ele!

---

6. N. da E.: Michel Debré (1912-96) foi primeiro-ministro da França entre 1959 e 1962, ministro da Economia e Finanças entre 1966 e 1968; ministro do Comércio Exterior entre 1968 e 1968, e ministro da Defesa, com importante atuação no governo, entre 1969 e 1973.

*O discurso de Jean Foyer também foi muito marcante. Ele invocava o artigo 2 da Convenção Europeia dos Direitos do Homem, que garantia "o direito de qualquer pessoa à vida". E suas palavras também foram bastante duras: "Seu texto é um projeto de resignação e desesperança. [...] Os capitais já se impacientam para se investir nesses abortórios, que serão verdadeiros matadouros!".*

Eu conhecia bem Jean Foyer, pois trabalhara diretamente com ele quando era ministro da Justiça, sobretudo na reforma da adoção em 1966. Suas convicções eram profundamente sinceras, ao contrário de tantos outros cujos discursos eram apenas pavoneio. Nós nos revimos mais tarde em condições amistosas. Mas algumas pessoas guardaram rancor de mim por causa dessa lei. Lembro-me de um deputado com o qual eu tinha relações tensas no Parlamento Europeu. Eu achava que isso se devia provavelmente a seu antieuropeísmo, até que alguém me explicou: "Que nada! Ele nunca a perdoou pela lei sobre o aborto!".

*Ainda assim, a senhora pôde contar com partidários eloquentes.*
Sim. Quer se trate de Bernard Pons, com sua experiência de médico do interior, ou de Eugène Claudius-Petit, com seu humanismo cristão, alguns deputados souberam demonstrar que não se tratava de uma lei laxista, mas de uma medida que visava pôr fim a uma hipocrisia e a aliviar sofrimentos genuínos.

*A senhora teve o apoio de outras mulheres da Assembleia?*
As deputadas eram bem poucas! E nem todas foram

favoráveis à lei. Mas nenhuma lançou mão de palavras duras. E me lembro do apoio corajoso de Hélène Missoffe, mãe de oito filhos, e igualmente exposta, no meio da Assembleia, a discursos desagradáveis.

*O que sentiu, em termos pessoais, diante daquela assembleia desordeira e enfurecida, apesar de ela supostamente ser a representação do povo, a elite da nação?*
Um imenso desprezo. Acredito, aliás, que os próprios interessados teriam vergonha se pudessem se ouvir e se ver naquela encenação inapropriada e bem pouco democrática.

*Houve momentos de desânimo?*
Não, perder a confiança e me entregar ao desânimo nunca foi uma opção. Tudo aquilo, ao contrário, me estimulava, confortava minha vontade de ganhar. E acredito que, definitivamente, esses excessos me foram úteis. Pois certos indecisos ou oponentes moderados ficaram horrorizados pelo exagero de determinadas intervenções, odiosas, deslocadas, e, portanto, totalmente contraproducentes.

*Existe uma imagem sua nos bancos da Assembleia, com a nuca curvada, o rosto próximo ao púlpito e as mãos sobre os olhos. "O momento em que Simone Veil desmoronou", diz a legenda da foto.*
Isso dava crédito à ideia da mulher frágil... Pois bem, nada disso, não tenho nenhuma lembrança de ter chorado. Deviam ser três horas da manhã, meu gesto indica que eu estava cansada. Mas não estava chorando.

*Como se comportou Jacques Chirac durante os debates? Porque, afinal, ele era contra essa lei!*

De maneira espontânea, ele tendia a pensar que o aborto era, nas suas próprias palavras, um "assunto de mulherzinhas", que elas sempre souberam resolver entre si. Mas a partir do momento em que o projeto de lei foi adotado no Conselho dos Ministros e levado à Mesa da Assembleia Nacional, era importante para ele que fosse votado, e seu apoio foi total. Ele demonstrou mesmo uma confiança espantosa em mim para decidir a respeito das emendas. Quando surgiu, por exemplo, a questão do reembolso da IVG pela Previdência Social, perguntei a ele como agir. "Você é quem lidera o debate", disse ele. "É você quem pode sentir o que é necessário fazer para que o texto passe em sua totalidade." E nesse ponto preciso, eu sentia que seria melhor propor outro sistema de ajuda destinado às mulheres em dificuldades financeiras. Um número excessivo de deputados de direita parecia hesitante. Os eleitores ameaçavam deixar de pagar suas cotizações à Previdência Social; mais uma vez, era preciso que fôssemos pragmáticos. E ele me deu carta branca. Na última noite do debate, ele queria vir à Assembleia para mostrar seu apoio. Mandei dizerem a ele que não valia muito a pena. Às 3h40, o texto foi votado por 284 votos contra 189. Voltei à minha casa atravessando a praça do Palais-Bourbon, onde uma turba de carolas me esperava para me cobrir de insultos. E, já em casa, fui recebida por um enorme buquê de flores de Chirac.

*Elegante.*
Seu jogo foi perfeitamente limpo. Ele não interferiu no fundo do texto, mas ofereceu um formidável apoio moral.

*Quando, em 1979, após o período probatório de cinco anos previsto na reforma, veio a questão da sua adoção definitiva, Jacques Chirac se pronunciaria contra, afirmando não tê-la votado em 1974 e acrescentando que ela "causa danos consideráveis a nosso país e torna ilusória qualquer esperança de retomada da natalidade."*
Ele não poderia tê-la votado porque era primeiro-ministro!... E no fundo, como criticá-lo por ter conservado sua opinião inicial? Ele sempre fora contra o aborto e sentia-se livre, nesse momento, para votar como bem lhe parecesse. Talvez ele também tenha sofrido a influência de Michel Debré... Deve-se notar, entretanto, que o argumento natalista era errôneo, já que os estudos demonstram uma ausência de vínculo entre as legislações sobre o aborto e a natalidade. A taxa de natalidade na França foi baixíssima entre as duas guerras, embora a legislação fosse muito repressiva. Hoje, com uma lei bem mais liberal do que na maioria dos países ocidentais, nós temos uma das taxas de natalidade mais elevadas.

*Voltamos a 1974. Depois de ganho o voto da Assembleia, restava enfrentar o Senado!*
Essa parte foi bem menos passional e dramática. O relator do projeto, o dr. Mezard, presidente do Conselho da Ordem do Cantal, já desenhou a cena logo de cara:

"Quando constatei que em Saint-Flour também havia ônibus que conduziam mulheres até Amsterdã ou Londres, pensei: Não é mais possível!" E o texto foi votado rápido, com uma maioria mais confortável de 184 votos contra 90. Acredito, na verdade, que a opinião evoluíra entre os dois debates, e que a pressão dos eleitores – e sobretudo das eleitoras – foi muito forte em favor da lei. O tabu fora derrubado; as pessoas finalmente ousavam se exprimir. Em 20 de dezembro, o texto definitivo foi aprovado pelas duas assembleias.

*Somente uma mulher poderia fazer aprovar uma lei como essa, nas palavras de Michel Poniatowski.*
Eu acredito, com efeito, que uma mulher podia entender melhor as implicações do aborto em injustiça, miséria e desespero. E, graças a isso, lutar com mais convicção, mais vontade, e talvez até mais emoção, para que esse texto existisse.

*O que sentiu ao final dessa longa sessão que culminou na publicação da lei? Um sentimento de orgulho?*
Não, não foi orgulho, mas uma grande satisfação. Porque aquilo era importantíssimo para as mulheres. E porque o problema era importante para mim havia muito tempo, bem antes da tentativa de Jean Taittinger, cujo fracasso eu lamentara. Dito isso, sempre fico estupefata com o impacto que esse debate continua a ter nas jovens gerações. Sim, as pessoas se lembram dele. Ou ouviram falar. Até mesmo na escola. Quando estou numa fila de

espera, sempre aparece alguém para me cumprimentar e dizer gentilmente: "Pode passar, a senhora não precisa ficar na fila!" E no restaurante, na rua, as pessoas vêm até mim: "Obrigado pelo que a senhora fez pelas mulheres." A constância dessa gratidão nunca deixa de me espantar.

*É porque essa foi uma etapa importante na história das mulheres.*
Sim, bem mais do que eu teria pensado.

*E isso a comove?*
Sim, mas continuo a pensar que a Lei Neuwirth, que autorizou a pílula, é muito mais importante pelo seu alcance histórico e filosófico, mesmo que não receba o mesmo peso simbólico.

*Como a senhora explica isso?*
Ao contrário do aborto, que não deixa de ser um fracasso quando não é um drama e que permanece um tema político e conflituoso em muitos países – como os Estados Unidos –, a contracepção parece evidente, cotidiana, banal. Alguns pensam que antes da sua autorização as pessoas se viravam como podiam, sem riscos nem escândalos. Eles não concebem o ponto de virada representado pela Lei Neuwirth.

*A senhora não acha que essa lembrança tão particular que ficou da lei de 1975 sobre o aborto também está ligada à sua personalidade?*
É verdade que eu tenho uma história um tanto particular...

*A deportação, o Holocausto... Uma experiência de vida que ampliava ainda mais a magnitude do seu empenho.*
Assim como conferia um sentido simbólico à minha presidência no Parlamento Europeu... Mas a senhora sabe – como as mulheres que exercem responsabilidades públicas ainda são raras, é mais fácil identificá-las!

*Na Assembleia, a senhora chegou a corrigir com irritação certos oradores que evocavam a "Lei Simone Veil". O fato de ter seu nome ligado à lei sobre o aborto a incomodava?*
Não, de forma alguma. Na verdade, fico muito contente por ela ser atribuída a mim e por ser lembrada. Mas minha reação era de jurista. Ao contrário das propostas de lei criadas por parlamentares, essa reforma fora desejada pelo presidente da República, adotada pelo governo e votada pelo Parlamento. Trata-se de uma lei republicana. Ponto.

*Os primeiros tempos da lei foram dificílimos. Por não serem acolhidas no hospital, as mulheres ainda foram obrigadas a abortar na clandestinidade nos primeiros meses de 1975.*
Infelizmente, isso era inevitável e nós o sabíamos. Essas leis foram difíceis de implementar em todos os países. Elas transgridem tabus gigantescos! Era necessário encontrar rapidamente médicos que aceitassem se formar e praticar uma IVG, sob o risco de serem, por vezes, ostracizados nos seus hospitais. Embora a existência desses serviços fosse obrigatória, certos diretores responsáveis mostravam má vontade e criavam obstruções. É preciso dizer que isso complicava o trabalho deles, modificava a

organização e o recrutamento do pessoal, criava problemas psicológicos. Às vezes, era-lhes necessário criar uma unidade especializada que pesaria no orçamento do hospital, o qual geralmente prefere privilegiar os serviços de mais prestígio – o que não era o caso do aborto. Na urgência, foi necessário contar com a ajuda de médicos voluntários, sobretudo generalistas, às vezes até mesmo psiquiatras, que trabalhavam em serviços minúsculos. E que muitas vezes ficavam desanimados por praticar naquelas condições uma atividade tão pouco gratificante. Pois a geração que se empenhara com tanta generosidade em ajudar as mulheres infelizmente não foi substituída por médicos mais jovens.

*Certas organizações que militaram em favor da lei se impacientaram e ocuparam maternidades para exigir sua aplicação rápida. Quanto às feministas, elas continuavam a julgar escandaloso o não reembolso do ato pela Previdência Social.*
Sem dúvida, esse era um assunto em que eu havia pensado. Eu era pessoalmente favorável ao reembolso, mas era necessário avaliar o que seria aceito tanto pelos parlamentares quanto pela opinião pública. E temi que o reembolso de um ato que ofendia de modo tão grave certas consciências suscitasse uma rejeição muito grande. Em suma, achei que seria pedir demais. Quando a ministra dos Direitos da Mulher, Yvette Roudy, de acordo com os compromissos assumidos por François Miterrand durante sua campanha, propôs ao Parlamento, em 1981, o reembolso da IVG, isso me pareceu totalmente natural. A lei fora adotada de maneira definitiva em 1979 e aceitada largamente pelo

conjunto dos franceses. Não havia mais o risco de que os beneficiários da Previdência devolvessem sua carteirinha para manifestar sua recusa em financiar o aborto.

*Restavam as perturbações causadas por certos grupelhos "pró-vida" nos hospitais com o fim de traumatizar e desencorajar as candidatas ao aborto.*

Não acho que tenham sido muitos, ao contrário de certos movimentos americanos cuja estratégia de guerrilha eles copiavam e que chegaram a assassinar médicos. Mas esses fanáticos não deixavam de ser temíveis. Eles invadiam os serviços de IVG, assediavam e insultavam as mulheres em consulta, destruíam materiais, agrediam os médicos, acorrentavam-se para dificultar sua expulsão... Foram adotadas circulares visando reforçar a segurança dos hospitais. A lei de Véronique Neiertz, que instituiu, em 1992, um delito de entrave à IVG[7] foi o que, felizmente, pôs um termo a essas ações de guerrilha.

*Qual sua opinião sobre a reforma empreendida por Martine Aubry e Élisabeth Guigou[8] com a intenção de aumentar de dez para doze semanas o prazo para a IVG (até o momento um*

---

7. N. da E.: A Lei Neiertz estipula que o entrave à IVG é um delito passível de dois meses a três anos de prisão e multa de 2 mil a 3 mil francos.
8. Em 2001 é sancionada lei proposta por Martine Aubry e Élisabeth Guigou, ampliando o prazo legal de recurso ao aborto de dez para doze semanas e autorizando as menores a optar por uma IVG sem a autorização de seus pais, desde que acompanhadas por um adulto à sua escolha. A publicidade em favor da IVG não é mais sancionada.

*dos mais curtos da Europa) e suprimir a autorização dos pais para as menores de idade?*

A autorização parental, necessária em 1974, não tinha mais muito sentido em 2001, dada a evolução dos costumes. Os jovens iniciam mais cedo a vida sexual, embora tenham menos maturidade – já que estão menos ancorados numa vida profissional – e sejam mal informados sobre a contracepção. Eles nem sempre sabem que uma gravidez pode ocorrer já nas primeiras relações sexuais e, se é o caso, não ousam falar disso com seus pais. Essa é a realidade. A autorização exigida se tornara penalizante, ou mesmo impossível de se exigir.

Quanto ao prazo de gestação, apenas os médicos podem julgar esse período. Para mim essa nunca foi uma questão de princípio, mas sim uma questão estritamente médica. E a grande maioria dos médicos que consultei em 1974 aconselhava um prazo de dez semanas. Duas semanas a mais, diziam eles, fazem uma grande diferença. E constato hoje em dia que certos médicos formulam sérias dúvidas sobre esse prolongamento votado em 2001, isso quando não se recusam a intervir no final do prazo legal. O fato é que, em muitos países, o prazo autorizado é ainda mais longo.

*Diante dos deputados, Élisabeth Guigou declarou: "A prática do aborto começou como um tabu e, a esse título, era severamente reprimida. Em seguida passou a ser tolerada e liberalizada. Por fim, tornou-se um direito." Isso não é uma alteração radical do espírito da sua lei?*
Não. O prolongamento de duas semanas no prazo, o caráter

facultativo das consultas e mesmo a supressão da autoridade dos pais para as menores são apenas reajustes do texto de 1975. E se a evolução da medicina e da farmacologia simplificou bastante o ato em si, sua implementação permanece sujeita a condições bem precisas que se impõem tanto à mulher quanto ao médico. Então, ainda não se pode falar de um direito.

*De todo modo, o RU 486, que evita o ato cirúrgico, veio mudar esse jogo...*
Sua introdução no mercado, em 1988, criou uma polêmica e suscitou uma indignação tão grande dentre os movimentos antiaborto, além de ameaças de boicote dos produtos farmacêuticos de Roussel-Uclaf, que o laboratório suspendeu no mesmo instante a venda na França e no exterior. Ele só voltou atrás nessa decisão após uma intimação do governo Rocard e o risco de perder o direito de exploração da patente. Entretanto, é difícil saber de modo preciso se esse método acabou sendo muito utilizado. O fato é que foi necessário esperar até julho de 2004 para que os decretos previstos pela lei de 2001 fossem assumidos pelo ministro da Saúde Douste-Blazy e que o aborto medicamentoso pudesse ser praticado fora do hospital. Mas ainda nesse caso o espírito da lei inicial subsiste. O enquadramento médico persiste, bem como os prazos extremamente estritos.

*Os debates de 1974 geraram muita repercussão no exterior?*
Muita, a começar pelas condições e pelo clima passional

em que ocorreram! As resistências originalmente pareciam tão fortes que ninguém, na verdade, imaginara que a reforma seria tão inovadora e não fixaria casos precisos para autorizar as mulheres a abortar. É preciso sublinhar que nos Países Baixos, aonde muitas mulheres iam para se submeter ao procedimento, a lei que proibia o aborto não fora revogada e as intervenções se beneficiavam apenas de uma tolerância. Na Grã-Bretanha, a lei impunha condições muito mais estritas do que a lei francesa. Na Europa Ocidental, portanto, com exceção desses dois países, das nações escandinavas e de certos cantões suíços, a repressão ao aborto permanecia extremamente rigorosa, como aliás ainda é o caso em Portugal e na Irlanda. Nos anos 1980, uma irlandesa muito jovem foi condenada por ter ido à Inglaterra se submeter a um aborto.

Em toda parte, grupos de mulheres militavam – em vão – por um abrandamento da legislação. Nem é preciso dizer que o debate francês foi seguido com interesse. Cheguei a ser solicitada algumas vezes para apoiar as tentativas de reforma em outros países, o que recusei, aceitando simplesmente lhes explicar meu percurso. Eu julgava contraproducente intervir em debates no exterior.

Mas o eco da lei francesa também se fez sentir de outras formas. Em 1979, por exemplo, alguns parlamentares do PPE (grupo dos democratas cristãos que, em princípio, apoiava minha candidatura) votaram contra mim para a presidência do Parlamento Europeu. Em particular os irlandeses e alemães. Já as mulheres, na maioria, me apoiaram com vigor depois de eu ter sido eleita. Além disso, graças a essa lei, fui muitas vezes convidada a tomar a palavra em colóquios e nomeada doutora *honoris causa* de diversas universidades estrangeiras, principalmente nos Estados Unidos. Ainda hoje, recebo muitos pedidos de entrevistas sobre esse tema, sobretudo de universitários.

*A senhora evocou anteriormente a ajuda mútua das mulheres confrontadas a uma gravidez indesejada. Acredita na solidariedade feminina?*
Sim, acredito muito nisso. Sobre as questões essenciais da vida, as mulheres são espontaneamente solidárias. Isso não exclui as rivalidades na vida profissional, mas o reflexo de ajuda mútua é o mais natural. Constatei isso muitas vezes. Sempre gostei de trabalhar com mulheres. Assim, no Parlamento Europeu, onde as deputadas são relativamente numerosas, muito presentes e particularmente ativas, defendi bastante a criação de uma comissão de direitos da mulher e apoiei suas propostas. Seria a consciência comum de discriminações e tradições sufocantes? Seria a certeza de compartilhar uma escala de valores diferente da dos homens, com outras prioridades, outros comportamentos, outros centros de interesse? As mulheres, isso é fato, têm uma facilidade real para viver juntas. Após o escândalo das "Juppettes" que tanto chocou as francesas – a senhora deve se lembrar das ministras excluídas em bloco do segundo governo Juppé –, fiz parte de um pequeno grupo de mulheres que se reunia para promover a paridade no plano eleitoral. Nós éramos dez, cinco de direita, cinco de esquerda, todas ex-ministras, e

era extremamente amigável. Falávamos com liberdade de todos os assuntos, ríamos, nos divertíamos muito. Redigimos um manifesto que foi publicado no *L'Express* pouco antes da eleição presidencial de 1995, e os principais candidatos se empenharam em modificar a Constituição para poder levar a voto uma lei que instaurasse a paridade.

Lembro-me também de um colóquio a respeito da evolução dos direitos da mulher organizado no Senado em 8 de março de 2004. Havia mulheres de todos os horizontes, de todo o espectro político e de todas as gerações. Nossos pontos de vista podiam divergir sobre a concepção da família ou do feminismo, mas não importa: foi muito caloroso.

*A senhora acha que as mulheres exercem a autoridade e o poder de maneira diferente?*
Sim, acho. A observação ainda é distorcida pelo pequeno número de mulheres nos postos de responsabilidade mais elevados e a necessidade que elas têm, para furar os bloqueios, de trabalhar muito mais e de mostrar constantemente seu valor. Mas estou convencida de que as diferenças entre os homens e as mulheres são uma verdadeira riqueza. E, para mim, a exigência de uma maior presença de mulheres nas funções de poder corresponde tanto à vontade de enriquecer a sociedade com ideias, energias e talentos diferentes quanto a uma questão de igualdade.

*A senhora se considera feminista?*
Sim. Claro, não chego a ser uma militante de alma, já que

passo meu tempo a examinar os prós e contras de tudo, e a militância exigiria a dedicação a uma causa fazendo abstração das objeções relacionadas a ela. Mas me sinto feminista, muito solidária às mulheres, todas elas; mais próxima delas, de modo geral, do que dos homens, cujas reações muitas vezes me parecem imprevisíveis; e muito influenciada por elas, efeito provável da minha educação e da minha mãe...

Sinto-me mais segura junto às mulheres. Talvez isso se deva à deportação. No campo, a ajuda delas era desinteressada, generosa. A dos homens, não. E a resistência do sexo dito frágil também era maior. Sim, tenho muito mais afinidades com as mulheres. É tão fácil falar entre nós de emoções, de sentimentos e de muitas outras coisas da vida que muitas vezes irritam os homens.

*De que maneira a senhora acha ter ajudado mais as mulheres?*
Na vida, ignoro o que seja da ordem do acaso e da ordem do inconsciente. Mas, por alguma razão, nas minhas diferentes atribuições profissionais, sempre me ocupei muito das mulheres. Primeiro, na administração penitenciária, entre 1957 e 1964, me interessei pelas presidiárias. Ninguém se preocupava de fato com elas – seu número era ínfimo comparado aos dos homens e elas não causavam grandes problemas de disciplina –, e fiz de tudo para que seu regime carcerário deixasse de ser mais repressivo do que o dos presidiários homens, como pude ocasionalmente observar. Tendo acompanhado a transferência daquelas denominadas "grandes delinquentes"

da prisão de Haguenau à nova central de Rennes, fiquei estupefata com a brutalidade do sistema de disciplina e com aquela vontade de humilhação e correção contra aquelas mulheres com fama de perversas e vis. Durante a guerra da Argélia, também cuidei muito do destino das prisioneiras argelinas, para que fossem reunidas num mesmo estabelecimento onde puderam, sobretudo, continuar seus estudos. Depois disso, na Direção dos Assuntos Civis, meu trabalho mudou radicalmente, já que a ideia era rever o Direito da Família com a intenção de modernizá-lo: autoridade parental, tutela dos menores e dos incapazes, filhos naturais, adoção... Modernizar significava dar mais direitos à mulher que, até então, tinha pouquíssimos. E esse aspecto sociológico me fascinava quase tanto quanto o aspecto jurídico. Por fim, veio o Ministério da Saúde. A senhora bem sabe que uma mulher jamais é nomeada para as Finanças, o Interior ou o Exterior! Ali, procurei suprimir múltiplas discriminações que existiam em relação às mulheres, nem que fosse nos planos de convênio médico, nos subsídios ou outros; e também levar mais em conta as dificuldades das famílias monoparentais, das quais quase 90% se constituem em torno da mãe.

*A senhora lamenta não ter adotado alguma medida enquanto estava no poder?*
Há muitos processos que não consegui fazer avançar tanto quanto gostaria. As colunas policiais são uma maneira dolorosa de relembrar esse fato. Principalmente

quanto à proteção da infância e os abusos de caráter sexual que foram, de maneira escandalosa, ocultados por um longo tempo.

*A senhora encontra muitas mulheres jovens. Qual seu olhar sobre a situação delas e a evolução dos seus direitos?*
Acredito que estejam numa situação bastante paradoxal. Claro, elas são as beneficiárias de uma evolução positiva que, em teoria, lhes garante uma perfeita igualdade de direitos em relação aos homens e os meios jurídicos para fazê-la ser respeitada. Mas a persistência das mentalidades e discriminações machistas na sociedade faz com que sua vida seja, de fato, mais complexa do que no passado. Elas têm responsabilidades pesadíssimas e desejam, corajosamente, assumi-las todas! A reforma das 35 horas decerto deu aos homens mais tempo para consagrar ao lazer. Para as mulheres, foi o contrário: essas novas horas disponíveis foram em grande parte utilizadas nas tarefas que elas haviam deixado de lado, coisa pela qual se sentiam culpadas. A casa, os filhos... Elas se investiram ainda mais. Aliás, é preciso ser lúcido: a vida corporativa não respeita a igualdade inscrita na lei. Recrutamento, remuneração, promoções... As mulheres continuam a ser penalizadas e a encontrar muitas discriminações. Quando um plano de demissão voluntária se apresenta, o patrão sempre opta por preservar o homem, como se isso fosse natural, sem levar em conta o fato de que um número cada vez maior de mulheres cria seus filhos sozinha. E que os pais muitas vezes são ausentes.

*A senhora não se preocupa com a situação de muitas jovens oriundas da imigração e submetidas a ditames religiosos e familiares retrógrados?*
Se existe, a meu ver, um ponto em comum entre todas as religiões, é o status diferente – não ouso dizer inferior – reservado à mulher e que está ligado à sua capacidade de procriar. É ela quem põe no mundo; a única filiação de que podemos ter certeza é a da mãe (em todo caso, até que se inventassem os testes genéticos). É isso que explica que a maior parte das religiões defendesse a reclusão das mulheres desde a puberdade, para que elas não tivessem nenhuma relação com outros homens além daquele que lhes era destinado, garantindo assim a pureza da linhagem. A sociedade evoluiu, a prática religiosa perdeu força e a pílula veio questionar essa grande cadeia causal. Mas existem enclaves fundamentalistas e intolerantes – não só entre os muçulmanos – em que as pessoas se agarram a uma observância estrita da religião e nos quais as jovens mulheres, infelizmente, são as primeiras vítimas. É profundamente injusto e complicadíssimo de resolver, mesmo nas nossas sociedades mais abertas.

*O número de abortos na França – cerca de 220 mil por ano – permanece relativamente estável apesar dos progressos da contracepção feminina e das incitações ao uso de preservativos. Isso não é decepcionante?*
Eu diria que é inelutável. A contracepção é limitante, e a mulher está sempre à mercê de uma negligência ou um esquecimento. Em especial as mais jovens, bem como as

mulheres que vivem em condições de grande precariedade. A educação é fundamental, mas, por mais que se faça, muitas jovens, sobretudo as de origem estrangeira, continuam mal informadas e nem sempre têm liberdade de consultar sozinhas um médico para solicitar a receita necessária.

*"Não faço parte dessas pessoas que temem o futuro", a senhora declarou na conclusão do seu discurso, em 26 de novembro de 1974. E invocou a juventude, implorando: "Saibamos confiar nela para conservar à vida seu valor supremo."*
Eu tinha razão. A natalidade francesa, como eu disse, não está indo mal. Nós suprimos em boa parte a renovação das gerações e ultrapassamos largamente outros países como a Itália, a Espanha ou o Canadá que, entretanto, tinham uma demografia bem mais robusta. Todo mundo, casados e solteiros, quer ter filhos. Podemos quase falar do "reizinho da casa", ou pelo menos do filho esperado, desejado, planejado. O investimento de certos pais nesse filho tão bem programado chega a parecer excessivo, por ele ser considerado tanto um direito quanto um bem reivindicado e adorado. Tudo isso exprime uma bela confiança na vida e, para mim, é uma alegria ver minhas duas netas, perfeitamente realizadas, cuidando dos seus filhinhos.

*A reivindicação atual de um "direito a ter filhos" não demonstra uma curiosa ressonância com a dos anos 1960, o de não tê-los?*
A ciência e a sociedade encaram, de fato, novos desafios. O desejo de ter filhos se tornou tal que leva casais não casados, heterossexuais ou homossexuais, tanto quanto

pessoas sozinhas, a considerar que têm direito a um filho. Os poderes públicos serão instados a responder a essas reivindicações, o que anuncia debates vertiginosos. As coisas vão tão rápido e tão longe que é duro imaginar a diversidade de problemas suscetíveis de aparecer nessa matéria. Devemos esperar que a sociedade conserve sua humanidade e aja de modo a que esse direito "aos" filhos não se oponha ao direito "dos" filhos. Porque, afinal, não fazemos filhos para nós...

Freud evocava sempre o complexo das mulheres em relação aos homens. Parece-me, hoje, que as coisas se inverteram, e que os homens manifestam cada vez mais uma verdadeira frustração por não poderem gerar filhos!

*O que a senhora acha do título deste livro na França, Os homens também se lembram?*
Um dia, numa lojinha na minha rua, um homem de uns 50 anos comentou: "Muito se fala da sua lei para as mulheres. Mas a senhora não se engane: para os homens, ela também foi um progresso e tanto!"

# HISTÓRICO DO ABORTO NA FRANÇA

*Na Idade Média:* Os teólogos cristãos, no início, fixaram a aparição de uma alma aos quarenta dias para os meninos e oitenta para as meninas (século XIII). A *Constitutio Criminalis Carolina*, sob Carlos V, em 1532, fixa a data de animação do feto no momento em que a mãe percebe os movimentos. Em 1558, o papa Sisto V condena formalmente o aborto em qualquer período da gravidez.

*Na Renascença:* Aparece a noção de aborto médico possível em caso de hemorragias graves.

*1810:* Criação do Código Civil Napoleônico. O artigo 317 condena sem distinção: "Quem provocar o aborto de uma mulher grávida com ou sem seu consentimento por meio de alimentos, drogas, medicamentos, violência ou outros remédios será punido com a prisão."

*1852:* Uma nova lei estipula que o aborto é "um crime contra a ordem das famílias e a moralidade pública".

A jurisprudência reconhece, todavia, o aborto terapêutico como um ato médico. O tema continua a provocar dissensões entre o Estado e a religião.

*1920:* Em julho, é adotada uma lei que "reprime a provocação ao aborto e a propaganda anticoncepcional", bem como as vendas de "remédios secretos preventivos à gravidez". Essa lei condena os contraventores a uma pena de seis meses a dois anos de prisão e de cem a 5 mil francos de multa. Em 1923, essa lei é modificada: quem provocar o aborto de uma mulher será punido com um a cinco anos de prisão e uma multa de quinhentos a 10 mil francos. A mulher abortada, por sua vez, pode receber de seis meses a dois anos de prisão.

*1941:* Lei que classifica o aborto entre as "infrações passíveis de prejudicar a unidade nacional, o Estado e o povo francês".

*1942:* Lei que assimila o aborto a um crime contra a segurança do Estado, passível, após julgamento pelos tribunais de exceção, de pena de morte.

*1943:* Execução de Marie-Louise Giraud, lavadeira e "tecedeira de anjos", sob o governo de Vichy, guilhotinada como exemplo.

*1956:* Criação da "Maternidade feliz", cuja proposta é "permitir aos casais, graças à contracepção, ter filhos apenas quando desejarem". As militantes desse grupo distinguem claramente o aborto da contracepção. O grupo se tornará, em 1960, "Movimento Francês pelo Planejamento Familiar" (MFPF).

*1969:* Criação, pelos dirigentes do MFPF, da Associação para o Estudo do Aborto (Anea), e criação do Movimento de Liberação da Mulher (MLF).

*1971:* O "Manifesto das 343", publicado na revista *Le Nouvel Observateur* em 5 de abril, é um apelo redigido por Simone de Beauvoir e assinado por 343 mulheres que declaram ter abortado, infringindo assim o artigo 317 do Código Penal. Esse texto pretende denunciar a existência do problema e forçar o governo a assumir uma posição quanto ao aborto livre. Dentre as signatárias, encontramos nomes célebres como Marguerite Duras, Françoise Sagan e Catherine Deneuve.

Fundação do movimento "Choisir".

*1972:* Processo de Marie-Claire em Bobigny. Grávida aos 17 anos, ela se submete a um aborto com a cumplicidade da sua mãe. O julgamento a absolverá, confirmando assim que a lei de 1920 sobre o aborto não é mais aplicável.

*1973:* Criação do Movimento pela Liberação do Aborto e da Contracepção (MLAC); 330 médicos assinam um manifesto no qual afirmam praticar abortos.

Organização de viagens à Inglaterra para mulheres desejosas de abortar.

*1975:* Promulgação da Lei Veil, que suspende parcialmente o artigo 317 do Código Penal por cinco anos, autorizando assim o aborto sob certas condições.

*1979:* Adoção pelo Parlamento da Lei Pelletier sobre a IVG, prolongando a lei de 1975.

*1982:* Lei Roudy. Reembolso da IVG pela Previdência Social.

*1988:* Autorização de introdução no mercado do RU 486 (hormônio sintético antiprogestacional), possibilitando o aborto medicamentoso.

*1991:* Criação da Cadac, Coordenação Nacional de Associações pelo Direito ao Aborto e à Contracepção.

*1992:* A Lei Neiertz é adotada. Ela estipula que o entrave à IVG é um delito passível de dois meses a três anos de prisão e multa de 2 mil a 3 mil francos.

*2001:* Reforma da lei de 1975 proposta por Martine Aubry e Élisabeth Guigou e adotada em 4 de julho de 2001. Essa lei amplia o prazo legal de recurso ao aborto de dez para doze semanas e autoriza as menores a optar por uma IVG sem a autorização dos seus pais, desde que acompanhadas por um adulto à sua escolha. A publicidade em favor da IVG não é mais sancionada.

*2004:* Philippe Douste-Blazy promulga o decreto que permite o aborto medicamentoso em domicílio inscrito na lei de 2001.

# POSFÁCIO
# SIMONE VEIL,
# O ARGUMENTO DEFINITIVO
*Silvia Camurça*

Judia nascida na França em 1927, Simone Veil entrou para a história do feminismo ao defender, em 1974, o projeto de lei que despenalizou a interrupção voluntária da gravidez no país, diante de uma Assembleia Nacional composta quase com exclusividade por homens. Seu argumento influenciou o debate feminista em todo o mundo e também no Brasil.

Simone Veil se tornou ministra da Saúde do governo Valéry Giscard d'Estaing a partir de 1974 e sua atuação respondia ao intenso debate em torno do aborto presente na França desde o Maio de 68, com as proposições libertárias que defendiam a legalização, postura reafirmada no Movimento de Libertação das Mulheres e na estrondosa repercussão do "Manifesto das 343", lançado em 1971, redigido por Simone de Beauvoir e assinado por 343 mulheres que declararam ter abortado.

No ano anterior à defesa de Veil, 1973, outro manifesto marcou a história francesa: 330 médicos lançaram um movimento pela despenalização do aborto afirmando que praticavam o ato, em frontal desobediência civil. No Parlamento francês, a comissão que examinava o projeto de lei, elaborado pela própria Simone Veil e colaboradores/as, já havia promovido audiências e debates sobre o tema. A imprensa vinha abrindo espaço a artigos pró e contra a legalização. Nas ruas, o feminismo efervescia com manifestações massivas, comparáveis às que ocorreram na Argentina em julho e agosto de 2018, no período de votação, na Câmara e no Senado, da lei que despenalizaria o aborto.

Esta é a primeira publicação em português da íntegra do discurso de Simone Veil, com sua argumentação precisa e delicadamente contundente, que não deu brecha a contestações. Sustentada na visão de responsabilidade do Estado sem abrir mão do argumento de autoridade de governo, Veil, então ministra da Saúde, faz a defesa seguindo um percurso sinuoso onde confronta um a um os argumentos contrários, caracterizando seu projeto de lei como realmente aplicável, com potencial de, ao mesmo tempo, reduzir a prática de abortos entre as mulheres e protegê-las quando precisam abortar.

Aos conservadores, Veil demonstrou a ineficácia de sua lei repressiva, uma vez que raramente aplicada, o que por isso mesmo a convertia em motor de desordem social. Afirmou a impossibilidade, comprovada historicamente, de impedir o aborto ou de prender todas as mulheres que o praticam, dada a magnitude da questão. Alertou que, na realidade social, quando cidadãos e cidadãs não respeitam a lei ou são levados ao ilícito por falta de alternativas diante de problemas reais, a ordem social e a autoridade do Estado estão sob risco, clamando por nova legislação.

Diante de "defensores da França" e formadores de opinião sobre políticas de população, Veil afastou o argumento de que o aborto seria a causa da redução da natalidade, uma questão demográfica que, por muitos anos, preocupou a política francesa, a tal ponto que a prática do aborto chegou a ser considerada uma ameaça à permanência daquele Estado.

Mas Simone Veil enfrentou essa questão afirmando o caráter natalista de muitas das políticas do governo a que servia: sublinhou as iniciativas de apoio à justiça social para garantia da maternidade, a responsabilidade do Estado com as famílias, mulheres e crianças e os programas de oferta de contracepção como formas de apoiar a opção pela maternidade e ofertar meios para evitar a gravidez indesejada. Assim defendeu seu projeto de lei, demonstrando que um conjunto de medidas estava orientado a fazer, do aborto, uma exceção na França.

Em diversos trechos de seu discurso Veil recorre à exposição da situação das mulheres. Visando provavelmente os setores religiosos, humanistas e parlamentares de "boa vontade", ela apresenta o drama das mulheres que precisam recorrer ao aborto, questionando se os que as condenam estariam dispostos a ajudá-las e apoiá-las. De forma irrefutável, demonstra como a nova legalização do aborto na verdade iria favorecer a maternidade, na medida em que é um fator de proteção de todas as mulheres que, em dada circunstância, precisam abortar, garantindo a elas saúde para que sejam mães um dia.

Se considerarmos que a audiência era em parte hostil e em parte favorável, a escolha por se dirigir aos adversários, dialogando com o ideário conservador e entrelaçando essas três perspectivas, torna este discurso um exemplo primoroso de comunicação política estrategicamente orientado para enfrentar as críticas e os mitos até hoje presentes no debate sobre legalização em distintos países. Ou seja, que o número de abortos irá aumentar e a prática do aborto será banalizada. Simone Veil desconstrói a ideia de que manter leis repressivas é a solução, quando largamente elas já comprovaram seu fracasso: não diminuem o número de abortos nem protegem a vida das mulheres para que possam ser mães, acrescenta.

Para facilitar a aprovação, decerto por essa razão, Simone propôs cinco anos de experiência com a nova lei, e que, se os fatos demonstrassem o contrário do que ela apresentava como argumento, o Parlamento poderia e deveria revisar a legislação. Em 2011, o Parlamento francês reviu a questão, mas a fim de aumentar o número de semanas para garantia do direito ao aborto na França de doze para catorze semanas.

O aspecto definitivo do discurso de Veil reside na força de sua estratégia discursiva, montada e ancorada a partir do governo e por dentro do sistema político. Com certeza uma estratégia valiosa para outros contextos de embates jurídicos e legislativos, uma vez que sustentada na responsabilidade do Estado e na exigência de eficiência e efetividade dos governantes e legisladores, sem retirar o apelo humanitário da causa em relação à justiça social para todas as mulheres, nas mais diversas condições afetivas e socioeconômicas. Além disso, seu discurso responde aos setores conservadores e religiosos que faziam a defesa da vida do nascituro como prioritária em relação à da mulher.

No Brasil, a legalização do aborto na França repercutiu e ganhou maior visibilidade com o regresso das mulheres exiladas, que pertenciam ao Círculo de Mulheres Brasileiras de Paris. Nesse movimento de retorno, elas trouxeram para o país uma forte argumentação sobre o tema. Entre os anos 1970 e 1980, as reivindicações do feminismo brasileiro na área reprodutiva estavam centradas na autonomia das mulheres, no acesso aos métodos contraceptivos e contra o controle da natalidade. Para o movimento feminista, nesse momento, o desafio foi conduzir o debate enfatizando que o tema da liberdade sexual e reprodutiva das mulheres deveria ser entendido na perspectiva dos Direitos Humanos.

Especificamente em 1980, a polícia carioca "estourou" uma clínica clandestina no bairro de Jacarepaguá e prendeu duas mulheres pela prática do aborto. Nesse momento, as feministas organizaram um protesto reivindicando pela primeira vez, de forma pública, o direito de escolha. O silêncio que encobria o assunto estava definitivamente rompido e a prática do aborto se tornou um assunto de domínio público. Foi ainda na década de 1980 que se ampliou o debate sobre sexualidade, reprodução, aborto, contracepção, sempre sob o viés da autonomia das mulheres em relação ao seu próprio corpo, à vivência plena de sua sexualidade, à livre opção pela maternidade. Contudo, a defesa da vida intrauterina do embrião vem sendo colocada no âmbito político desde o processo de redemocratização. O feminismo, na Assembleia Constituinte de 1988, enfrentou o debate e derrotou a proposta de inserir, no texto constitucional, a defesa da vida desde a concepção. Mas se manteve vigente o Código Penal datado de 1940, que, no Brasil, criminaliza o aborto voluntário. O texto considera não punível o aborto em casos de gravidez por estupro ou quando há risco de vida da gestante.

O ano de 1983 marca no Brasil o momento do primeiro projeto de lei que propõe a ampliação do direito ao aborto legal e trata da não criminalização da mulher em caso de fetos anencéfalos, o que veio a ocorrer somente em 2012 por decisão do Poder Judiciário, em razão de ação ajuizada pela Anis – Instituto de Bioética. Aqui, por mais de vinte anos (1991-2007) tramitou um projeto de lei de descriminalização/legalização do aborto, apresentado por parlamentares do Partido dos Trabalhadores (PT), arquivado em 2007 após sua derrota em duas comissões da Câmara Federal.

Em todo esse período, fortaleceram-se no Congresso Nacional e poderes legislativos locais frentes parlamentares antiabortistas que hoje predominam, e cresce o número de propostas legislativas que pretendem retroceder, criminalizando o aborto em todos os casos. Nos anos recentes, vivenciamos o acirramento de práticas de criminalização como o estouro de clínicas clandestinas em várias partes do país, a prisão ou indiciamento das mulheres com estímulo à denúncia policial quando as mulheres chegam aos serviços de saúde em processo de abortamento, os ataques e ameaças de processar judicialmente defensoras/es da legalização do aborto, as tentativas de coibir o debate sobre o tema nas universidades. Hoje, nosso contexto é oposto ao da França dos anos 1970, quando a tendência era flexibilizar a lei repressiva que já era "letra morta".

Há, entretanto, semelhança de composição das forças em disputa. Aqui, o embate legislativo se faz, como na França dos anos 1970, entre as opções de manter a lei como está e aprofundar a lógica repressiva; ou descriminalizar, retirando o tema do código penal, e legalizar ou regulamentar sua prática nos serviços de saúde. As forças políticas se estruturam, como na França daquele período, entre dois blocos adversários: setores feministas em aliança com médicos, pessoal da área acadêmica e profissionais da área social e da saúde com perspectiva progressista; e os setores conservadores, entre estes despontando, na cena pública, uma ultradireita que beira o fascismo com forte caráter misógino, racista e homofóbico.

Também aqui, como lá, a sociedade se divide. Mas a correlação de forças é outra: no Brasil as forças conservadoras detêm forte controle sobre o sistema político, seja por ocupação de cargos públicos e mandatos eletivos, seja pelo controle maior do sistema de comunicação, através de grande número de concessões públicas dos veículos a grupos religiosos. Há disparidade no poder de vocalizar as perspectivas antiaborto em detrimento das forças pró-legalização. Mas as mulheres resistem e o feminismo está pujante, nas ruas e nas redes, com crescente poder de inserção de seu ideário a favor do direito ao aborto na mídia.

Uma demonstração da força de influência feminista está registrado pelo grande número de artigos favoráveis publicados entre julho e agosto de 2018 na grande imprensa, por ocasião da audiência pública convocada pelo Poder Judiciário em torno à ação que questiona a criminalização do aborto e solicita que se inclua entre casos não puníveis a prática do aborto quando realizado até as doze semanas de gestação (ADPF 442, ajuizada pelo Partido Socialismo e Liberdade – PSOL).

Na linha argumentativa feminista há nuances que nos distanciam e aproximam de diferentes aspectos do argumento de Simone Veil. No início dos anos 1980, quando se iniciaram aqui ações de massa pelo direito ao aborto, o argumento central se baseava na premissa da liberdade e autonomia. Já no fim da década, nos embates da Assembleia Constituinte já estava demarcado o problema social que representava o aborto (com consequências mais graves para mulheres negras e de setores populares) e, desde os anos 1990, o Estado foi instado a assumir sua responsabilidade diante do problema do aborto, qualificado pela estratégia discursiva do feminismo de então como questão de saúde pública, dada a magnitude do número de casos anuais de aborto (àquela altura estimado entre 800 mil a 1 milhão por ano). Portanto, a dimensão do problema foi considerada aqui e lá, mas na França como demonstração da inoperância da lei repressiva, aqui como questão de saúde pública.

Outro aspecto que demarca diferenças e semelhanças de contexto entre Brasil atual x França de 1974 é o enfoque dos direitos reprodutivos, inexistente nos anos 1970. No Brasil, esse conceito começou a ser elaborado no feminismo, em paralelo à construção do Programa de Assistência Integral à Saúde da Mulher (1985), hoje política nacional (ainda que precarizada em sua implementação). A defesa dos direitos reprodutivos e sua inserção na agenda global de governos se fez por dentro do Ciclo de Conferências da ONU nos anos 1990, consolidando essa perspectiva em plataformas e compromissos internacionais.

No século XXI, contudo, é retomada com força a perspectiva da autonomia e autodeterminação reprodutiva como direito inalienável das mulheres, uma expressão do esforço feminista de resistir à restauração conservadora patriarcal. Essa perspectiva está presente aqui no Brasil na Plataforma da Frente Nacional Contra Criminalização das Mulheres e pela Legalização do Aborto desde o ano de 2009, e hoje vem sendo sustentada, especialmente, por uma nova geração de coletivos e organizações feministas com recorte autonomista e anarquista. Ao argumento da autodeterminação reprodutiva, o movimento de mulheres negras associa a defesa por justiça reprodutiva, aspecto tão relevante quanto estratégico em sociedades racistas e desiguais como a brasileira.

A entrevista de Simone Veil publicada nesta edição oferece ainda uma leitura a respeito do momento de apresentação e aprovação da lei na França, analisando os pontos de conflito. Suas declarações nesse contexto são especialmente elucidativas das dificuldades atuais para as mulheres e o feminismo no Brasil. Simone aponta a forte reação masculina diante do deslocamento do lugar das mulheres na sociedade proporcionado com o advento da pílula anticonceptiva e com a legalização do aborto, fatos que abrem, para as mulheres, a possibilidade de se liberarem da maternidade como destino e como seu lugar fixo no mundo. Os comentários de Veil a essa reação, no passado, nos permitem compreender as formas atuais de reações masculinas ao feminismo no Brasil.

Simone Veil foi sobrevivente do Holocausto, sua família foi deportada na época da ocupação nazista na França e ela, aos 16 anos, viveu os horrores do campo de Auschwitz, onde todos os membros de sua família morreram, com exceção dela e de sua irmã Madeleine.

No pós-guerra, Veil estudou Direito e seguiu carreira de magistrada, casou-se e criou três filhos. Nos anos 1970 entrou para vida política, tornando-se ministra da Saúde e ocupando, nos anos seguintes, vários cargos políticos no Parlamento Europeu.

Como ministra da Saúde, facilitou o acesso a métodos contraceptivos e elaborou a lei de despenalização da interrupção voluntária da gravidez, que entrou em vigor no dia 17 de janeiro de 1975. Foi presidente da Fundação para a Memória do Holocausto e esteve à frente do fundo para as vítimas, vinculado ao Tribunal Penal Internacional (TPI).

Faleceu aos 89 anos, em 30 de junho de 2017. Seus restos mortais, junto com os do marido, estão depositados no Panteão, em Paris, ao lado dos de outras quatro mulheres, entre os mais de setenta homens considerados heróis nacionais na França.

Que a coragem, disposição para ação e senso de justiça de Simone Veil nos inspirem, a todas e todos que se engajam na defesa desta causa no Brasil.

SILVIA CAMURÇA é socióloga e educadora popular, integrante do coletivo político-profissional SOS Corpo – Instituto Feminista para a Democracia, fundado em 1981 e sediado em Pernambuco. Organiza-se politicamente no interior do feminismo brasileiro na Articulação de Mulheres Brasileiras (AMB).

# SEM TEMER O FUTURO
*Debora Diniz*

"Não faço parte das pessoas que temem o futuro", diz Simone Veil, no fechamento do discurso em que apresenta à Assembleia Nacional francesa o projeto de lei de despenalização do aborto. O ano é 1974. Após 25 horas de intensos debates, a lei é aprovada para que nenhuma mulher seja presa ou morta por precisar interromper uma gravidez na França. Passados mais de quarenta anos de seu discurso na tribuna, sua coragem ainda faz história. Não é melancolia o sentimento que deve nos dominar ao relembrar suas palavras: sim, há tempo demais as denúncias feitas por Veil são também realidade das mulheres brasileiras. Há "injustiça" na lei penal, sabemos que com ela "é impossível impedir os abortos clandestinos", que a situação é "deplorável e dramática". Lá, eram 300 mil a cada ano. Aqui, 500 mil. "São as mulheres com quem convivemos todos os dias e cujos dramas e desespero quase sempre ignoramos", disse Veil. Aqui também. Se a injustiça é longa demais, a melancolia dá lugar à esperança pintada de verde na América Latina, liderada por meninas jovens que talvez nunca tenham ouvido falar da ex-ministra judia deportada pelo regime nazista, mas que repetem seus argumentos nas ruas da Argentina, do Brasil ou do Chile. Veil encerrou seu discurso com confiança às novas gerações: "Essa juventude é corajosa, tão capaz quanto as outras de entusiasmo e sacrifício." Como Veil, é uma juventude que não teme o futuro. Com elas, ainda veremos essa dívida histórica ser reparada. Veremos o aborto ser descriminalizado no Brasil e na região.

DEBORA DINIZ é professora de Direito da Universidade de Brasília (UnB), pesquisadora da Anis - Instituto de Bioética, organização não governamental que tem sido uma das lideranças na luta pela legalização do aborto no Brasil. Dedica-se a projetos de pesquisa sobre bioética, feminismo, direitos humanos e saúde.

Dados Internacionais de Catalogação na Publicação (CIP)
(eDOC Brasil, Belo Horizonte, MG)

---

Veil, Simone
Uma lei para a história: a legalização do aborto na França /
Simone Veil; textos Silvia Camurça e Debora Diniz;
tradução Julia Vidile. Rio de Janeiro: Bazar do Tempo, 2018.
100 p. (Coleção Por que política?; v. 2)
Título original: *Les hommes aussi s'en souviennent:
Une loi pour l'histoire*
ISBN 978-85-69924-43-2

1. Direitos reprodutivos – França. 2. Reprodução humana –
Legislação – França. 3. Veil, Simone – Discursos. I. Camurça,
Silvia. II. Diniz, Debora. III. Vidile, Julia. IV. Título.
CDD 342.44

---

Elaborado por Maurício Amormino Júnior, CRB6/2422